생·활·역·학

사주 팔자

천운 이우영 著

아이템북스

머리말

 시간과 공간을 초월한 광대무변한 우주는 오늘도 쉬지 않고 계속 돌고 있다. 우주는 태극인 북극성을 중심으로 하여 많은 별과 은하계가 존재한다. 천문지리학에 의하면 지금까지 발견하지 못했던 은하계가 위성을 통하여 새로운 사실이 발견되고 있다.

 하지만 21세기는 지식 정보화 사회로서 과학의 혁명 시대라 불리며 짧은 기간 동안에 진공관 라디오 시대로부터 트랜지스터, IT 시대를 거쳐, 현재에 이르러서는 나노테크놀러지 시대까지 접어들었다. 그러나 과학문명이 아무리 많이 발전하였다 해도 21세기 과학으로도 풀지 못할 명제가 있는 것이다.

 무한시간과 공간을 지배하는 조물주는 인간이 살아가는 데 반드시 필요한 태양과 지구를 만들었다. 태양은 양의 역할을 하여 생명력을 보유하고, 지구는 음으로서 태양으로부터 빛과 열을 받아 만물을 창조했는데 높은 곳은 산맥으로 형성되어 음에 속하고, 낮은 곳은 바다와 하천이 되어 양에 속하게 하였다. 그러므로 지구가 자연적으로 보유하고 있는 생명력은 전적으로 산과 하천에 있다고 하였다. 즉 음양이 서로 제 역할을 하고 있다는 것이다. 모든 과학의 이론과 이치도 이 음과 양에서 시작되는 것임을 말해 주고 있다.

　지구상에서 행해지는 일은 하나부터 열까지 그 원리가 있다. 예를 들면 남자는 여자와 있어서 음양의 짝을 맺고, 산이 음이면 물은 양으로써 서로 교합하고, 숫자인 1. 2. 3. 4.는 1은 양이고 2는 음으로, 숫자의 크고 작고 더하고 뺄 수 있다.

　이러한 모든 이치가 음양의 법칙에서 나왔다. 심지어는 사람이 살아가는 일상생활에서까지 음양의 법칙인 목성 · 화성 · 토성 · 금성 · 수성 등 목화토금수의 법칙을 적용하여 일 · 월 · 화 · 수 · 목 · 금 · 토의 일주간을 만든다. 이를 다시 4주 내지 5주를 일주기로 하여 한 달은 크게 하여 양달로 하고, 또 한 달은 작게 하여 음달로 만들었다. 한 해가 시작되고 그리고 한 해가 저물고 나면 다시 다음 해가 밝아오는 이치를 알아야 될 것이다.

　이런 천문지리적인 면으로 볼 때 사람의 운명이 변화하는 과정을 과학적으로 알아내야 하는데 지금까지 그 정확한 사실을 밝혀 내지 못하는 점 또한 과학의 맹점이 아닌가 생각한다.

그러므로 사람의 길흉화복吉凶禍福을 예견하여 불운이 닥치면 이를 피해가고, 행운이 오면 이를 맞이하는 이치를 역易이라 한다. 지금까지의 도출된 수많은 사람들의 사주팔자를 데이터화하여 이를 통계학적으로 사용하는 것이 지금의 생활역학이라 말할 수 있다.

저자는 역학을 공부한 독자들에 의하면, 배우는 과정에서 제일 어렵고 정확하게 배울 수 없었던 것이 사주 학에서 용신用神을 잡는 법인데 이것을 국내 최초로 공식화하였다. 이 공식 다섯 가지만 외우면 완전히 용신을 쉽게 잡을 수 있도록 하였다. 그러므로 지금까지 어려웠던 역학을 최대한으로 알기 쉽게 이해할 수 있도록 분석, 정리하여 손쉽게 배울 수 있도록 요약 정리하였다.

아무쪼록 이 책을 통하여 많은 독자들에게 생활역학의 길라잡이가 되길 바란다.

저자 이 우 영

차례

머리말   3

제1장   숙명적宿命的 운명론運命論

01   사주팔자四柱八字란   13
02   사주학의 전래傳來와 변천變遷 과정   15
03   숙명적宿命的 운명론運命論   19

제2장   후천後天과 선천팔괘론先天八卦論

01   육십갑자론六十甲子論   25
02   팔괘설八卦說   27
    _1 복희선천팔괘伏羲先天八卦   27
    _2 문왕후천팔괘文王後天八卦   29
    _3 천간지지天干地支의 선천수先天數와 후천수後天數   31
03   육십화갑자六十花甲子   39

제3장   사주四柱는 어떻게 세우는가

01   천간 십간天干十干과 지지 십이지地支十二支   45
02   육십갑자六十甲子   47
03   태세太歲를 정하는 법   49
04   태어난 달생월의 간지를 정하는 법   51

_1 각월의 절입節入 시기 음력 기준임	52
_2 각월의 고정된 지지	52
_3 월간	53
_4 생일生日의 간지干支를 정하는 법	55
_5 생시生時의 간지干支를 정하는 법	56
_6 천간지지天干地支의 성정性情	58

제4장 사주의 모든 살煞과 합合

01 형살刑煞의 네 가지 종류	77
02 형살刑煞의 특성	78
_1 형살刑煞	78
_2 충살冲煞	80
_3 파살破煞	82
_4 해살害煞	83
03 간합干合	85
04 지지삼합地支三合	89
05 지지합地支合	90
06 지지방합地支方合	91
07 공망空亡	92
08 제살諸煞	94
_1 제살諸煞의 종류	94
_2 십이신살十二神煞	96

_3 각살各煞의 작용	98
_4 일반적인 모든 살煞	103
_5 길신류吉神類	121

제5장 육신론六神論

01 육신六神이란	133
02 육신六神을 만드는 법	135
03 지지암장법地支暗藏法	144
04 월령분야도月令分野圖	151
05 십신十神의 특성별 해설	153

제6장 용신用神과 사주의 강약 및 격格

01 용신用神이란	181
02 강强한 사주와 약弱한 사주	184
03 용신用神의 분류와 격국格局	189
04 용신의 종류	190
05 격국格局	194
_1 관살官煞	194
_2 재성財星	206
_3 인성印星	208
_4 식상[食神, 傷官]	210

_5 비겁比劫　　　　　　　　　　　　　213
　　　_6 기타 격국格局　　　　　　　　　　　214

제7장　사주四柱의 간명법看命法

　　01　통관법通關法　　　　　　　　　　　227
　　02　중화법中和法　　　　　　　　　　　229
　　03　조후법調候法　　　　　　　　　　　231
　　04　한신閑神　　　　　　　　　　　　　234
　　05　정·신·기精·神·氣　　　　　　　235
　　06　진신眞神과 가신假神　　　　　　　　237
　　07　청탁淸濁　　　　　　　　　　　　　238
　　08　유정有情과 무정無情　　　　　　　　240
　　09　기반羈絆　　　　　　　　　　　　　242
　　10　천복길신天覆吉神　　　　　　　　　243
　　11　길신태로吉神太路　　　　　　　　　244

제8장　대운大運은 어떻게 세우는가

　　01　대운大運이란　　　　　　　　　　　249
　　02　대운을 세우는 순서　　　　　　　　　251

제9장 사주四柱의 실제 응용應用

01	사주를 세우는 순서	257
02	조상祖上 관련	260
03	부모父母 관련	261
04	처덕妻德이 있는 사주	263
05	처덕妻德이 없는 사주	264
06	처妻가 예쁜 사주	266
07	처妻가 부정不貞한 사주	267
08	첩妾이 있는 사주	268
09	형제덕兄弟德이 있는 사주	270
10	형제덕兄弟德이 없는 사주	272
11	자식덕子息德이 있는 사주	273
12	자식덕子息德이 없는 사주	275
13	사주四柱로 보는 자식의 수	278

제10장 부자의 사주와 가난한 사주

01	부자의 사주	283
02	가난한 사주	284

제 I 장

숙명적(宿命的) 운명론(運命論)

01 사주팔자(四柱八字)란 · 13

02 사주학의 전래(傳來)와 변천(變遷) 과정 · 15

03 숙명적(宿命的) 운명론(運命論) · 19

01 사주팔자四柱八字란

사주팔자 하면 누구나 먼저 머리에 스쳐가는 것이 '미신이다' 라는 단어가 떠오른다. 그 이유는 우리가 전해 내려오는 민족의 그 신비한 학술적 가치를 연구하는 데 게을리하였고 후손들에게 교육을 소홀히 하였다고 지적하지 않을 수 없다.

현대는 국내외적으로 급격히 변하는 신문명적인 학술을 받아들이기에도 미처 따라가지 못할 정도로 눈부시게 발전하고 있고 그 과정 또한 거역할 수 없는 일이다. 그러나 전통적으로 이어져 오는 우리 민족의 신비스런 학술인 역학을 누군가가 사명을 가지고 지키고 연구하지 않으면 얼마 가지 않아 흔적조차도 없이 사라져 버릴 것이다.

오늘날 유림에서 동양철학을 토대로 석?박사까지도 길러내는 데도 왜 역학을 미신으로 매도해 버리는가.

이 부문은 반드시 짚고 넘어가야 할 일이라 생각한다.

사주란 다음과 같은 사실을 알아야 한다. 사람은 누구나가 생년월일과 시를 갖고 이 세상에 태어난다 예 2004년 8월 15일 낮 12시에 태어난 아이가 있다고 가정하자. 그러면 2004년은 육십갑자에 의하면 갑신년이고, 태어난 달을 음력으로 따지면 매월을 대표하는 월건月建이 있는데 해당 월의 조건표에 나온 월건을 붙여 8월이면 癸酉월이다. 그리고 태어난 일자를 보면 庚戌이라고 적혀 있다.

그러면 그것을 태어난 날을 일진으로 정하는 것이다. 그리고 태어난 시만 남아 있다. 시 역시 마찬가지로 子·丑·寅·卯·辰·巳·午·未·申·酉·戌·亥 12지지로 되어 있어 23：00~00시：59분을 子時, 01：00~02：59분을 丑시, 03：00~04：59까지를 寅시로 구분하는데 이러한 방법으로 2시간 단위로 시를 정하면 시 역시 월건을 세울 때와 마찬가지로 조건표에서 천간을 붙여 시를 정한다. 그렇다면 午시에 태어났으니까 조건표를 보면 庚戌일에 태어났으니까 壬午시가 되는 것이다 월건 조건표와 시를 정하는 조건표는 본문에 첨부함.

자, 그러면 왜 사주팔자인가 살펴보자.

年柱·月柱·日柱·時柱를 4개의 기둥 주자라 사주라 하고, 甲·癸·庚·壬·天干에 글자 네 자四字, 申·酉·戌·午·地支에 글자 네 자四字를 더하면 여덟 자八字라 하여 이를 이름하여 사주팔자라 하는 것이다.

이래서 사주팔자란 학술이며 학문이라는 점을 구체적으로 밝힐 수 있으며 지금까지 가르쳐 주지 못했기 때문에 미신이라는 단어가 먼저 머리에 떠오르게 되었다는 점을 이해하고 집념을 버렸으면 더 이상 바랄 게 없다.

좀 더 나아가 구체적으로 말하자면 이 여덟 자를 놓고 천간과 지지로 구분하여 천간지지의 글자 하나하나가 가지고 있는 특유의 성질을 형이상학적과 형이하학적으로 접근하여 그 성질을 파악하고 또 나를 중심으로 한 형제?부모·배우자·자식·재물 등을 10가지 종류로 나누어 이를 통계적인 방법에 대비시켜 과거를 알아맞히고 미래를 예견하는 것을 사주추명학推命學이라 하는 것이다.

02 사주학의 전래傳來와 변천變遷 과정

사주추명학이란 사람이 이 세상에 태어난 생년월일시의 천간지지를 기준으로 사람의 운명을 판단하는 방법론이다. 그런 고로 이것은 오성술木星 · 火星 · 土星 · 金星 · 水星 또는 구성술貪狼星 · 巨門星 · 祿尊星 · 文曲星 · 廉貞星 · 武曲星 · 破軍星 · 左輔星 · 右弼星을 기본으로 하여 기학氣學 · 육임六壬 · 자미두수紫微斗數 등과 더불어 천간지지를 기준으로 하는 예언술, 즉 간지술의 일종이라 할 수 있다.

이와 같은 천간지지로 엮어 내는 간지술은 갑 · 을 · 병 · 정 등의 십간과 자 · 축 · 인 · 묘 등의 십이지지를 근거로 하는데 출생 연월일시의 간지와 인간의 운명간에 인과관계가 있느냐 없느냐 하는 것은 앞서 말한 바와 같이 현대의 과학으로는 입증하지 못한다.

그렇다고 과학적으로 입증하지 못한다 하여 무조건 미신이라고 단언한다면 수천 년에 걸쳐 전해 내려오는 역사적 사실은 아무것도 아닌 것이라 할 것이다.

그렇기 때문에 더욱더 학문적으로나 학술적으로 역학의 진면목을 보여 주어야 할 것이다. 우리 인간의 생애에 있어서 출생 그 자체는 아무도 부정하지 못할 것인데 이런 점으로 보면 인간의 운명을 판단함에 있어 출생 연월일시를 제일 먼저 주목하는 것은 오히려 당연하다 하겠다.

그리고 이와 같은 점에 착안하여 신비로운 인간의 운명을 연구하여 운명 속에 얽힌 흉악은 제거하여, 선하고 아름다움으로 전환시키려는 사색과 심혈을 기울인 노력이 이미 수천 년 전부터 고대 중국에서 행하여졌다는 것이 현존하는 기록에도 남아 있다.

오늘날 사주추명학의 발발은 수천 년에 걸쳐 여러 성현 및 많은 학자들이 연찬 구명하여 그 얻어진 결과를 집적한 것이겠으나 이를 체계를 세워 세상에 공포한 것은 중국의 태화 서봉당에 거주하던 서공승이라는 것이 통설로 되어 있다. 여기서 서공승은 서자평이라는 이름으로 세상에 알려져 있는 인물이다.

이 사주추명학이란 사람의 운명을 탐구하여 사주에 천간지지의 오행이 지나치게 편중되어 있거나 지나치게 모자라는 현상이 있으면 이를 양도하여 마치 괴여 있는 물의 표면이 평평한 것처럼 사람의 생애도 평온하게 하려는 학술이므로 자평이라는 단어를 사용하였는데 이것은 사주추명학의 별명이 되었으며, 나중에는 이 학문을 대성한 서공승의 별호, 즉 통칭으로 화한 것이다.

여기서 서공승에 대하여 잠시 알아보자. 서공승은 「연해자평」이라는 책을 편술하였는데 이 「연해자평」은 사주추명학의 현존하는 서적 중 최고의 가치를 지니고 있다.

서공승 이전의 역학의 연구가를 살펴보면, 중국의 전국 시대에 낙녹자珞琭子, 귀곡자傀谷子 등이 이 학문을 연구하여 상당한 경지에 도달했으며, 한나라 때에는 근중서董仲舒 · 사마리司馬李 · 동방삭東方朔 · 엄군평嚴君平 등이 있었으며, 한나라 말기 삼국 시대에는 관로管輅 · 진유곽晋有郭 · 박북재璞北

齋·유위정有魏定 등이 세상에 가장 이름이 알려진 대가들이었다. 그 후 당唐 나라 때에는 원천강袁天綱·일행선사一行禪師·이허중李虛中 등이 이 학문을 더욱 연구하여 실용화의 단계로 발전시켰다.

「연해자평」에 의하면 당나라의 이허중이 사주팔자 중 연간을 중심으로 해서 오행의 상생, 상극을 알아보는 방법을 완성하였다고 쓰여 있으나 사주추명학상의 철칙으로 되어 있는 일간을 중심으로 오행의 생극을 간명하는 방법은 서공승에 의하여 처음으로 창시된 것이라 한다.

사주추명학은 수많은 현명한 사람 및 학자들에 의하여 연구되었고 수천 년 동안 전해 내려오면서 그 방법 자체도 많은 변화를 거쳤으며 최초의 편술서인 「연해자평」에 이르게 된 것이라고 상상된다.

한 가지 여기서 주목할 만한 사실은 고대로부터 널리 행하여져 오던 오성술이 당나라 때까지도 사주추명학과 막상막하를 다투다가 송宋나라 때 「연해자평」이 나온 후에는 오성술은 그 자취를 감추고 말았다는 것이다. 오성술에 관한 서적 중 「과로성종果老星宗」이 현재까지도 전해지기는 하나 그 확증률이 사주추명학에 비하면 현저하게 낮다.

오늘날 중국에서는 약 천 년 전에 세상에 발표된 「연해자평」자체도 중국식의 화려한 사술까지 포장하여 그 설명 방법이 요령부득하고 특히 수박 겉 핥는 식으로 포장된 웅변술만 익혀 사주추명학의 진면목을 외면한 엉뚱한 사설만 늘어놓고 있는 실정이다.

「연해자평」이 나온 후 신봉장씨神峰張氏가 쓴 「벽류闢謬」, 「명리정종」과 명나라 때 만유오萬有吾가 편찬한 「삼명통회三命通會」등이 세상에 나왔으나 사주학 발전에 큰 진전을 보여 주지 못했다. 그 후 명나라 초기 때 유백온劉伯溫이 쓴 「적천수滴天髓」가 약 사오백 년 동안 비전되어 오다가 청나라 때 세상에 알려지면서 사주추명학에 일대 약진을 가져오게 되었다.

우리나라에는 언제 「연해자평」이 전해졌는지는 자세히 알 수는 없으나 고려 시대 송(宋)나라와 문물교환이 활발하게 이루어졌던 역사적인 사실들을 살펴보면 중국과 거의 비슷하게 전파되지 않았을까 생각되며, 수준 또한 중국보다 크게 뒤떨어진 것은 아니라고 추측된다. 그러나 현재까지도 대다수의 역술가들이 「연해자평」과 「명리정종」에만 집착하였고 또한 상당수가 오성술과 오색찬란한 그림으로 엮은 당사주가 있는가 하면 잡술서적 또한 많아 중국에 비교해 보면 크게 발전하지 못하였다는 것은 사실이다.

아마도 「연해자평」 및 「명리정종」 등의 내용을 깊이 이해하지 못하고 조잡한 설명에 의해 사주추명학을 일부 삽입한 것으로 오해한 탓일지도 모른다. 하루 속히 후진성에서 탈피하여야 될 것이며, 오성술, 당사주 등 중국에서 확증률이 저평가된 저서가 폐기 위기에 처해 있음을 알고 우리 한국식의 학문과 학술 그리고 통계학적 확률에서 얻어진 수준 높은 추명학의 책들이 하루 빨리 출간되어야 할 것이다.

이에 이 책이 사주추명학을 배우고자 하는 모든 이에게 조금이라도 도움이 되었으면 더 이상의 보람은 없을 것이다.

03 숙명적宿命的 운명론運命論

불과 몇 년 전 일이다. 어느 시골 농가에 부잣집이 있었다. 그 부모는 충남 대천 남포에서 농사를 짓고 남부럽지 않게 잘 살았고 외아들이 서울에 올라와서 모 대기업에 근무하였으니 도시, 시골 처녀들의 결혼대상자로는 부러움을 한 몸에 지닌 선망의 남자였다.

그러던 어느 날 어여쁘고 몹시 활동적인 테니스 선수와 선을 보아 마침내 시골집에서 결혼하게 되었다.

청첩장을 만들어 수백여 명에게 돌리고 회사에도 휴가를 내어 회사 직원들도 축하하기 위해서 충청도 시골까지 내려갔다. 마침내 결혼식은 성황리에 끝났고 피로연을 하기 위해서 하객들은 모두 신랑의 집으로 초대되어 몰려갔다.

과연 부잣집이라 정원도 넓고 집도 크고 방도 많아 여러 사람이 갔어도 제각기 짝을 지어 방으로 들어가 흥겹게 여흥이 벌어지고 여기저기서 상다리를 두들기며 노랫소리에 장단 맞춰 즐겁게들 놀다 보니 저녁 무렵이 되어 서울에서 내려갔던 축하객들은 상경하기 위해 작별 인사를 하고 그 집을 떠났다.

나머지 동네 친구들과 가까운 친척들은 남아서 시간이 가는 줄 모르고 즐겁게 놀다 보니 어느덧 자정이 되었다. 신랑과 신부도 다음날 신혼여행을 가는 날이라서 함께 집에서 놀고 자정이 지나 신방에 들어가는 것을 보고 모두들 여흥을 끝내고 집으로 돌아갈 수 없는 사람들은 한 방에 모여 옛날 이야기나 지난날들의 추억담들을 나누며 뜬눈으로 밤을 거의 새우다시피하였는데 이때 갑자기 신부가 방에서 "사람 좀 불러 주세요" 하며 다 죽어 가는 목소리로 외쳤다.

그 소리를 들은 몇 사람이 방으로 가 보니 멀쩡하던 신랑이 불과 두세 시간 사이에 죽어 있는 것이었다. 참으로 참담한 일이 어떻게 벌어졌는지 그 누구도 이해 못할 일이 현실로 나타났다.

삼대 독자인 아들이 신방을 차린 지 불과 두세 시간 만에 싸늘한 시체가 되었으니 그 부모의 마음을 어찌 글로써 어찌 다 표현할 수가 있으리요. 신부에게 자초지종을 얘기하라 하니 신부도 피곤하여 깜박 잠이 들었다가 눈을 떠 보니 신랑이 잠을 자는 듯하여 몸을 건드려 보니 몸에 닿는 촉감이 섬뜩하여 얼굴을 만져 보니 차가운 느낌이 들어 몸을 흔들어 보았으나 벌써 숨을 거둔 상태였다는 것이었다.

이 일을 어떻게 할 것인가. 이것이 바로 사주팔자에서 거론한 숙명이냐 운명이냐 하는 것이다. 과연 이 사람이 결혼을 안 하였으면 그런 참담한 죽음을 당하였을까? 참으로 희괴한 일이 아닌가? 이일을 놓고 사주추명학적으로 풀어 보자.

여자의 생년월일시가 1950년 11월 6일 술시생이라 庚寅생, 11월은 戊子월이며 태어난 일은 초엿새 6일 癸未日 이고 시는 戌시인 고로 壬戌시다.

다시 정리해 보면,

四柱：	年	月	日	時
天干：	庚	戊	癸	壬
地支：	寅	子	未	戌

大運：	丁	丙	乙	甲	癸	壬	辛	庚
	亥	戌	酉	申	未	午	巳	辰
	2	12	22	32	42	52	62	72

十神	印綬	正官		偏	劫財
	傷官	比肩		官	正官

十二運星：	浴	祿	墓	衰

　신부가 태어난 날 일주를 보면 그녀의 사주에 편관, 칠살이 들어 있다. 그런데 십이운성에서 묘가 동주同柱하고 있으니 남편을 땅 속에 묻는 사주라 사주 전체를 보면 정관·편관·혼합 격국이며, 호색다음이라 하였으니 결혼을 두세 번 해야 할 팔자였다.

　이러한 결과를 놓고 어떻게 미신이라는 말이 나올 수 있겠는가. 사전에 이 여자의 사주팔자를 보았더라면 결혼을 더 늦게 시켰던지 이에 따른 비방을 하고 나서 결혼식을 올렸더라면 이런 흉한 일은 안 당했을 것인데 삼대 독자가 첫날밤에 죽다니 청천벽력이 아닌가. 참으로 애석한 일이로다. 그래서 사주추명학이란 내 운명을 미리 알아 오행의 상생, 상극相生相剋을 이용하는 방법으로 왕성旺盛·휴인休囚·제회除禍 등의 법칙에 의하여 유도되는 예언적인 인간의 길흉화복을 미리 피할 수 있도록 운명을 개척하고 바꾸어 나가는 것이 역학이라는 것이다.

그렇다고 해서 자기 팔자만 믿고 감나무 밑에 누워서 감이 떨어질 때만 기다리고 있으면 안 된다. 아무리 좋은 대운이 내게 찾아왔다 하여 기다리기만 하면 결국은 그 좋은 대운도 빗겨갈 것이다. 사람이 살아가는 데는 주변 환경이라는 것을 항시 감안해야 한다. 그래서 내 운명을 100%로 본다면 여기서 50%는 접어두고 나머지 50% 안에 노력이 30%이고 나머지 20%는 주변 환경이 보조하여 여건을 극복하는 것임을 알아야 할 것이다.

제2장

후천(後天)과 선천팔괘론(先天八卦論)

01 육십갑자론(六十甲子論) · 25

02 팔괘설(八卦說) · 27

03 육십화갑자(六十花甲子) · 39

01 육십갑자론六十甲子論

육십갑자六十甲子란 쉽게 말해서 甲子·乙丑·丙寅·丁卯·戊辰·己巳·庚午·辛未·壬申·癸酉·甲戌·乙亥가 계속해서 다섯 번을 돌면 천간과 지지가 합수合手하여 60개의 단어가 형성된다.

즉 천간이라 함은 甲·乙·丙·丁·戊·己·庚·辛·壬·癸를 말하는데 이는 모두 하늘에 있는 별을 뜻하여 이 열 자를 천간 자라 하여 천간이라고 하는 것이다.

그래서 이 천간은 열 자이기 때문에 육십갑자가 되려면 여섯 번을 돌아야 60자가 되는 반면에 지지라 함은, 즉 땅에서 사는 동물을 기준으로 하여 열두 가지의 동물의 이름을 따서 子쥐·丑축:소·寅인:범·卯묘:토끼·辰진:용)·巳사:뱀·午오:말·未미:양·申신:원숭이·酉유:닭·戌술:개·亥해:돼지라 하여 열두 자를 쓰고 있으니 이 지지는 다섯 번을 돌려서 쓰면 60개의 글자가 천간과 지지가 만나 甲子乙丑부터 시작하여 壬戌, 癸亥에 이르러 육십갑자가 형성된다.

| 육십갑자도표 |

甲子	乙丑	丙寅	丁卯	戊辰	己巳	庚午	辛未	壬申	癸酉
甲戌	乙亥	丙子	丁丑	戊寅	己卯	庚辰	辛巳	壬午	癸未
甲申	乙酉	丙戌	丁亥	戊子	己丑	庚寅	辛卯	壬辰	癸巳
甲午	乙未	丙申	丁酉	戊戌	己亥	庚子	辛丑	壬寅	癸卯
甲辰	乙巳	丙午	丁未	戊申	己酉	庚戌	辛亥	壬子	癸丑
甲寅	乙卯	丙辰	丁巳	戊午	己未	庚申	辛酉	壬戌	癸亥

이렇게 위의 표와 같이 육십갑자가 만들어지는 것이다.

앞으로의 이해를 돕기 위하여 팔괘설에 대하여 논하고 그 숫자에 의하여 변하는 과정을 살펴보기로 하자.

02 팔괘설八卦說

이 팔괘설에는 복희선천팔괘伏羲先天八卦와 문왕후천팔괘文王後天八卦가 있다.

【2-1】복희선천팔괘伏羲先天八卦

소강절邵康節 선생이 말하기를 하늘은 건乾이요, 아래에 있는 땅은 곤坤이므로 하늘과 땅이 정해져 있으며, 서북간에 있는 간艮은 산이요, 동남간에 있는 태兌는 못澤이므로 산과 못이 서로 기운을 통하는 것이고, 동북방의 진震은 우레요, 서남간에 있는 손巽은 바람이므로 우레와 바람이 서로 부딪친다는 것이며, 서쪽에 있는 감坎은 물[水]이요, 동쪽에 있는 이離는 불[火]이므로 물과 불이 서로 충沖하면서도 서로 없어서는 안 되기 때문에 꺼지지 않는 것이다.

복희선천팔괘도 伏羲先天八卦圖

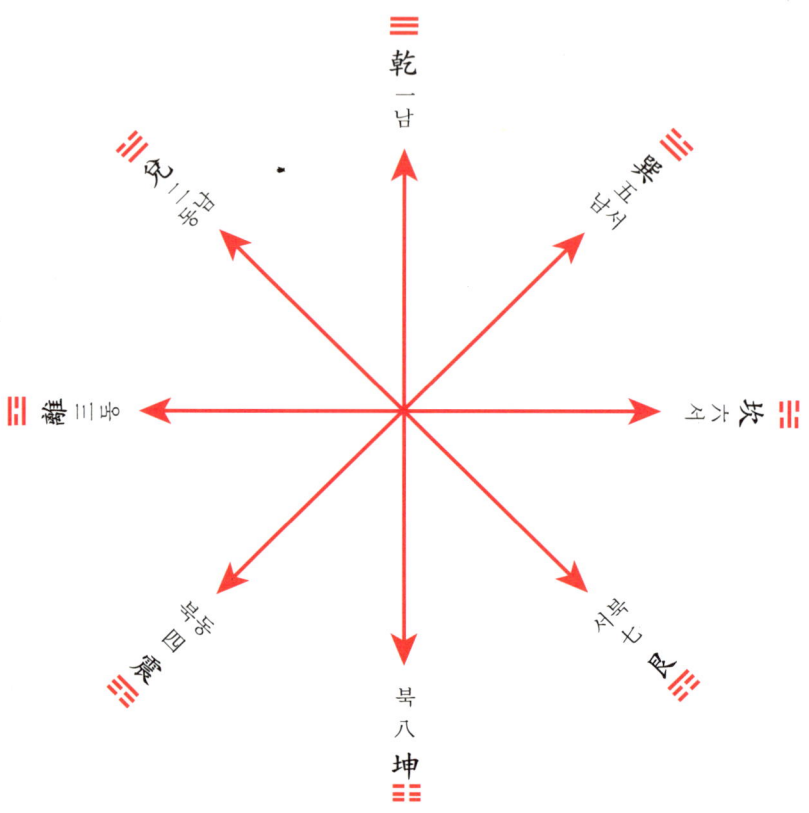

　이리하여 乾, 南·坤, 北·離, 東·坎, 西·兌, 東南·震, 東北·巽, 西南·艮, 西北의 팔괘가 성립되는 것이다.

　즉 양기陽氣가 震四에서 출발하여 離三과 兌二를 지나서 乾一에 이르는 것을 순順數라 하고 음기陰氣가 巽五에서 시작하여 坎六과 艮七을 지나서 坤八에 이르는 것을 역수逆數라 한다.

【2-2】 문왕후천팔괘 文王後天八卦

중국의 소강절 선생이 말씀하신 문왕후천팔괘에 대하여 알아보자.

帝出乎震 齊乎巽 相見乎離 致役乎坤 說言乎兌 戰乎乾
제 출 호 진 제 호 손 상 견 호 리 치 역 호 곤 설 언 호 태 전 호 건

勞乎坎 成言乎艮.
노 호 감 성 언 호 간 이라.

하느님이 震방에서 나와서 巽방에서 가지런히 정리하고 離方에서 서로 만나 보고 坤방에서 부역일하고 兌方에서 기뻐하며 乾方에서 칼로 싸우고 坎方에서 서로 노력하여 艮方에서 이루어진다 하였다.

이를 좀더 쉽게 풀이하여 보면 만물이 진방震方에서 나오니 진은 동방東方이다. 巽方에서 가지런히 한다는 것은 사물을 구분한다는 뜻이며, 손방은 동남방東南方이다. 즉 가지런히 한다는 것은 만물이 깨끗하고 정돈된다는 것이며, 離는 원칙적으로 불을 의미하니 불은 밝다는 것도 뜻한다. 그러므로 만물이 서로 다 볼 수 있다는 것이다.

성인이 남쪽으로 향하여 천하의 정보를 듣고 밝은 데로 향하여 다스리니 대개 여기서 모든 것을 취하는 것이다. 곤은 땅을 말한 것으로 만물이 모두 자라나게 된다. 그러니 곤방坤方에서 역사를 하게 된다. 兌[서방]는 가을이니 오곡이 익어 거두어 들이는 계절이라 만물이 기뻐한다. 그러므로 兌方에서 기뻐한다고 한다.

乾方에서 싸운다는 것은 서북간西北間이니 가을[秋]과 겨울[冬]에 접어들면

서 절기상 양기와 음기가 서로 부딪치니 싸운다는 뜻이며 또한 乾은 오행상 금에 해당하여 검으로도 사용한다 하여 서로 싸운다는 뜻이다. 坎이란 물을 의미하는 것으로 정북방의 괘이니 만물이 생성하여 돌아간다 하니 수고롭다 하는 것이며 그러므로 감방坎方에서 수고한다고 한다. 艮은 동북의 괘이니 만물이 끝을 이루는 것이요. 또 처음의 시작을 의미하는 것이기도 하다. 그러므로 간방에서 모든 것을 이루어 낸다고 하였다.

 이것은 소강절이 말한 문왕후천팔괘에 대한 설문으로 하나의 기운을 신격화하여 천지만물을 주재하는 하느님으로 보았으며 하느님은 만물이 생성하는 봄에 동쪽 진방에서 나와서 봄과 여름이 교체되는 동남간 손방에서 이미 생성된 만물을 가지런히 정돈하고 만물이 성장하는 무더운 여름에 남쪽 이방에서 형체가 다 이루어진 물건을 보고 여름과 가을이 교체되는 서남간 곤방에서 일하여 만물을 양성하고 만물이 이미 성숙되는 서늘한 가을에는 서쪽 태방에서 수확기를 맞아 기뻐하고 가을과 겨울이 교체되는 서북간 건방에서 음기와 양기가 교전하는 것을 조화시키고 만물이 휴식休息하고 안으로 귀장歸藏되는 북쪽 추운 감방에서 수고하여 겨울과 봄이 교체되는 동북간 간방에서 이미 사멸된 만물 가운데서 새 생명의 싹이 이루어지니 천도天道는 이와 같이 순환循環하는 것이다.

【2-3】 천간지지天干地支의 선천수先天數와 후천수後天

1) 선천수先天數

갑과 기와 자와 오는 그 수가 각각 9이고, 을과 경과 축과 미는 8이요. 병과 신과 인과 신은 7이요, 정과 임과 묘와 유는 6이요. 무와 계와 진과 술은 5요. 사와 해는 그 수가 4가 된다.

甲己·乙庚·丙辛·丁壬·戊癸가 열 개의 천간인데 처음 갑부터 다섯 개씩 나누어 음과 양이 서로 짝을 찾아 합을 이루도록 하여 갑과 기가 짝을 이룬 것이다.

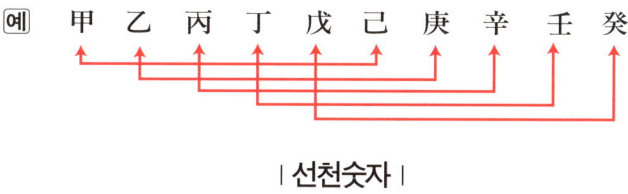

| 선천숫자 |

천간	甲	乙	丙	丁	戊	己	庚	辛	壬	癸
선천수	9	8	7	6	5	9	8	7	6	5

이 천간 선천수는 사실은 많이 사용하지는 않으나 사람으로 비교하면 뼈에 속한다. 그러므로 참고로 알아두기 바란다.

| 지지 선천숫자 |

천간	子	丑	寅	卯	辰	巳	午	未	申	酉	戌	亥
선천수	9	8	7	6	5	4	9	8	7	6	5	4

지지 선천수도 천간과 같은 이치로 보면 된다.

2) 후천수 後天數

(1) 후천팔괘수의 근거

후천팔괘는 하도낙서를 근거로 하여 구궁도의 구성으로까지 나타낸다. 동서남북 정사방[子午卯酉]을 사정이라고 하며 양수陽數에 속하고 동북·동남·서남·서북사방[乾坤艮巽]을 사우방四隅方이라고 하며 음수陰數에 속한다. 그리고 한가운데가 5가 되어 9개 수로 이루어져 8방위와 가운데의 중궁의 수가 정해져서 이를 구궁이라고 한다. 구궁의 순환 이동은 수의 양과 음에 따라 숫자의 차례대로 순행하는 순둔順遁과 수의 차례를 역행하는 역둔逆遁으로 정해져 있다.

구궁의 순화 통로가 정해진 의미를 살펴보면 다음과 같다.

첫째, 천기의 이동 순서가 정해져 있는 것을 의미하며 천기가 인간생활의 모든 운기에도 이동 순서에 따라서 작용한다는 것을 의미한다.

둘째, 지기는 내기와 외기로 볼 수 있으며 지기의 이동에 따른 길흉을 판별하는 근거가 된다.

셋째, 연월일시에 의한 계산을 구궁의 이동 순서에 따라 순환시켜서 자신의 타고난 사주팔자로 개인적인 운기를 판단할 수 있게 한다. 그래서 이 구궁은 후천팔괘의 근거가 된다.

| 구궁도 |

4	9	2
3	5	7
8	1	6

(2) 후천팔괘수의 배열

후천팔괘 배열의 근거를 살펴보면 주역 설괘전에 의하면 다음과 같이 쓰여 있다.

帝出乎震 齊乎巽 相見乎離 致役乎坤 說言乎兌 戰乎乾
제 출 호 진 제 호 손 상 견 호 리 치 역 호 곤 설 언 호 태 전 호 건

勞乎坎 成言乎艮.
노 호 감 성 언 호 간

선천팔괘에서와 같이 이미 설명하였기에 생략하기로 한다.

| 후천팔괘도 後天八卦圖 |

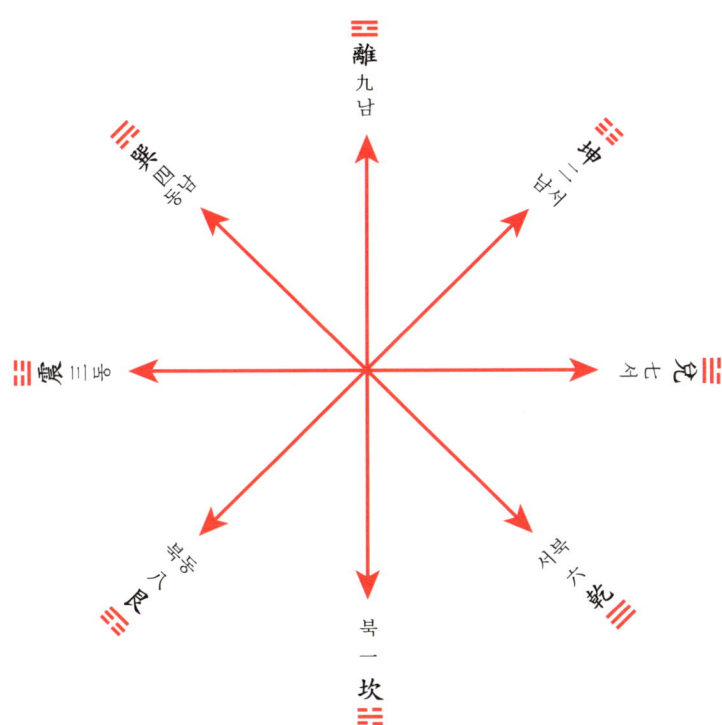

| 천간 후천수 天干 後天數 |

천 간	甲	乙	丙	丁	戊	己	庚	辛	壬	癸
선천수	3	8	7	2	5	10	9	4	1	6

| 지지 후천수 地支 後天數 |

지 지	子	丑	寅	卯	辰	巳	午	未	申	酉	戌	亥
선천수	1	10	3	8	5	2	7	10	9	4	5	6

이상의 도표와 같이 후천수 後天數가 정해졌다.

즉 壬과 子는 1이요, 丁과 巳는 2이고, 甲과 寅은 3이고, 辛과 酉는 4이고, 辰戌은 5이며, 癸와 亥는 6이고, 丙과 午는 7이며, 乙과 卯는 8이고, 庚과 申은 9가 되고, 己와 丑未는 10이다.

3) 수數의 오행

세상의 모든 이치는 음양의 법칙과 오행으로 이루어져 있으며 숫자에 따라서도 오행이 소속되어 있다.

1과 6은 水요, 2와 7은 火이며, 3과 8은 木이요, 4와 9는 金이고, 5와 10은 土로 되어 있다.

| 숫자의 오행조견표 |

수 자	1	2	3	4	5	6	7	8	9	10
오 행	水	火	木	金	土	水	火	木	金	土

4) 정오행

육십갑자에는 전자에서 논한 바와 같이 천간과 지지로 구분되어 있으며 천간지지로 구분하면 다음의 표와 같이 오행이 정해진다.

| 천간 오행조견표 天干 五行早見表 |

천 간	甲	乙	丙	丁	戊	己	庚	辛	壬	癸
오 행	木	木	火	火	土	土	金	金	水	水

| 지지 오행조견표 地支 五行早見表 |

지 지	子	丑	寅	卯	辰	巳	午	未	申	酉	戌	亥
오 행	水	土	木	木	土	火	火	土	金	金	土	水

5) 오행의 상생, 상극론 相生相剋論

(1) 상생론 相生論

오행이란 우리가 살아가면서 매일같이 접하면서도 무심코 생각 없이 흘려보내며 또한 오행 속에서 많은 생활 속의 지혜智慧를 얻어 활용하면 얼마든지 좋은 방법에 맞게 활용할 수 있다.

예를 들어 보면 우리가 매일매일을 살면서 일주일一週日이 지나면 또다시 일주일을 맞게 된다. 이 日月·火·水·木·金·土 속에 오행이 다 들어 있다. 日과 月은 해와 달을 의미하고 우주宇宙가 광대무변廣大無邊이라 하여 맨 앞에 위치하여 양과 음의 태극太極을 표시하였다. 나머지 火·水·木·金·土는 오행을 극과 생으로 엮어 일주일을 연계하여 놓은 것으로 볼 수 있다.

이것을 다시 우리가 흔히 말하는 오행의 상생, 상극론에 의해서 정리하여 보자.

앞서 논한 오행도표에 나와 있는 것과 같이 갑을병정…순으로부터 시작하여 甲은 木이고, 乙 또한 木으로 되어 있다. 이것을 순서대로 나열하면, 木火土金水가 되는 것이다.

즉 목은 나무가 되니 불을 생하여 주고, 불은 흙이 근본이라 하여 흙이 없으면 존재하지 못한다 하여 흙을 생하여 주고, 토는 금은 땅 속에서 나온다 하여 토가 금을 생하여 주고 금은 물 속에서 가려지며 물 속에 있는 금은 빛을 더 낸다 하여 금은 물을 생하여 주고 물은 나무가 잘 자라게 하여 나무를 생하여 준다 하였다.

이것을 다시 정리하여 보면 다음과 같다.

오행의 상생

木生火. 火生土. 土生金. 金生水. 水生木.

(2) 상극론 相剋論

상극은 상생의 반대로 서로 극하는 것을 의미하며 金木土水火로 금은 칼의 모양을 띠므로 나무를 자르므로 나무를 극하며, 목은 나무로서 뿌리가 있어 흙을 뚫고 들어가니 흙을 극한다 하여 목극토라 하며, 토는 흙으로서 흐르는 물을 막고 물을 극한다 하여 토극수라 하고, 수는 물로서 불을 끈다 하여 불을 극하니 수극화라 하며, 불은 다시 처음으로 돌아와 불로 금을 녹인다 하여 화극금이라 하였다.

정리하여 보면 다음과 같다.

金剋木. 木剋土. 土剋水. 水剋火. 火剋金

| 원으로된표 |

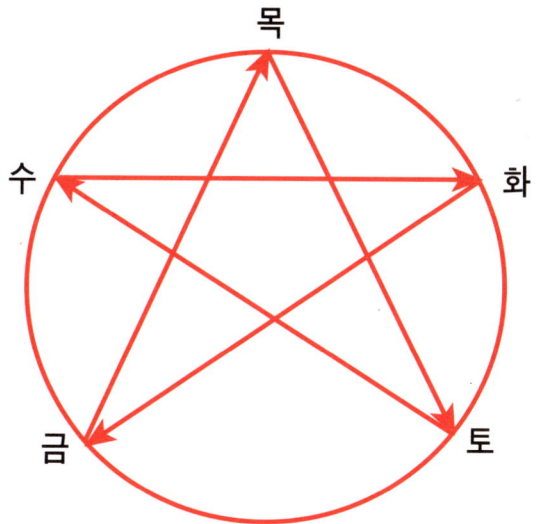

　목에서 시작하여 화살표의 방향과 같이 목은 火불을 생하여 주며 원 주위를 따라 순환하며 상생이 되는 것을 알 수 있다. 또 원 안에 직선으로 그어진 화살표 방향을 보면 목은 토를 극하고 토는 물[水]을 극하며 수는 화를 극하는 순서대로 서로 상극을 이루고 있는 것을 알 수 있다.

| 팔괘와 오행 |

팔 괘	乾	兌	離	震	巽	坎	艮	坤
오 행	金	金	火	木	木	水	土	土

 팔괘 중에도 앞에서 논한 바와 같이 괘가 자리 잡고 있는 위치도 다르며 그 위치에 따라 오행이 정해져 있다.
 이상과 같이 선천수先天數, 후천수後天數, 오행五行의 상생과 상극 또한 팔괘의 오행까지 알아보았다.
 이렇게 해서 선천수, 후천수의 오행, 오행의 상생, 상극론 등을 알아보았으니 이것은 역학에서 가장 기초적인 것이며 빼놓을 수 없는 가장 중요한 기본 원리가 되는 것이다 모두 암기하여 긴요하게 사용하기 바란다.

03 육십화갑자 六十花甲子

먼저 이 육십갑자는 제2장 1항에 나열되어 있으므로 생략하고 여기서는 납음納音 오행의 상생과 상극이 있는데 이해를 돕고자 먼저 육십갑자 납음 오행을 살펴보자.

| 육십갑자 납음 오행표 六十甲子納音五行表 |

갑자, 을축 海中金.	갑신, 을유 泉中水.	갑진, 을사 覆燈火.
병인, 정묘 爐中火.	병술, 정해 屋上土.	병오, 정미 天河水.
무진, 기사 大林木.	무자, 기축 霹靂火.	무신, 기유 大驛土.
경오, 신미 路傍土.	경인, 신묘 松柏木.	경술, 신해 釵釧金.
임신, 계유 劍鋒金.	임진, 계사 長流水.	임자, 계축 桑柘木.
갑술, 을해 山頭火.	갑오, 을미 砂中金.	갑인, 을묘 大溪水.
병자, 정축 澗下水.	병신, 정유 山下火.	병진, 정사 沙中土.
무인, 기묘 城頭土.	무술, 기해 平地木.	무오, 기미 天上火.
경진, 신사 白鑞金.	경자, 신축 壁上土.	경신, 신유 石榴木.
임오, 계미 楊柳木.	임인, 계묘 金箔金.	임술, 계해 大海水.

납음 오행에서 어떻게 하여 상기와 같은 오행의 방법이 나왔는가 하는 의문점이 많이 제기되고 있다. 그러나 우주 만물에서 요긴하게 쓰여질 수 있는 오행상의 상생, 상극의 숫자에 의한 형이하학적인 면에서 이름을 덧붙였으며 오행은 다음과 같은 이치의 법칙으로 하여 5행을 만들어 낸 것임을 알 수 있다.

첫째, 갑자, 을축 해중금 海中金의 금은 선천수로 볼 때 갑은 9요 자수도 9다. 을은 8이요 축도 8이다. 이 수를 모두 합하면 9+9+8+8 34수가 나온다. 대연 大衍수 오십수에서 태극 太極 1수를 빼면 49수이니 이 49수에서 다시 갑자, 을축 선천수의 합인 34수를 빼면 15수가 남고 이 15수를 오행인 5로 나누면 남는 숫자가 없이 떨어진다. 나머지 숫자가 없으면 5이니 5는 오행으로 토에 속한다. 토는 오행의 상생 원리에 금을 생함으로써 토생금 土生金하여 갑자 을축해중금 海中金이라는 금에 속하는 것이다.

병인, 정묘 노중화 爐中火는 같은 방법으로 보면 선천수로 병은 7이고, 인도 7이고. 정은 6이고, 묘 역시 6이다. 합계 7+7+6+6 = 26이 된다. 역시 대연수 49에서 26을 빼면 23이 남는다. 이 수를 다시 5로 나누면 나머지는 3인데 3은 곧 오행에서 목에 속하므로 목생화하여 병인정묘, 노중화는 화에 속하는 것이다. 이하 모두 이 법칙에 의하여 이루어져 있는 것이다.

둘째, 납음 納音이라 하는 것은 그 본성[소리]을 받아들이는 것이다. 그래서 살펴보면

   -. 화는 본래 그 자체의 음흠이 없음으로 물[水]을 가한 뒤에야 소리[音]를 내는 이유로 1인 수[水]를 얻어 화가 되고,

一. 土는 울리는 곳이 없어서 火로서 단련鍛鍊을 받은 뒤에야 흙이 단단해지므로 궁음[音]을 낼 수 있음으로 2火를 얻어 土가 되었고,

一. 木은 木이 木을 치면 발성[角音]할 수 있는 것이므로 3.8의 木을 다시 얻어 木이 되었으며,

一. 금도 역시 금이 금을 치면 자체적으로 소리를 낼 수 있으므로 4.9의 금을 다시 얻어 금이 되었고,

水[물]는 토가 없이는 소리를 내지 못하므로 5, 10의 토를 얻어 水가 되는 것이니 이는 모두 잡음이 없이 각각의 그 자체의 진음眞音을 얻은 것이어서 납음오행納音五行을 붙일 적에 이치에 맞게 하는 것이다.

여기에서도 가령 병인, 정묘,화는 선천수가 병7 인7 정6 묘6이니 이 수를 합하면 26이라. 이 합한 수를 5로 나누면 나머지는 1이 되고, 1은 수가 된다. 본시 화는 물이 있어야 소리를 내므로 1수가 화가 되는 것이다. 또 경오, 신미 토를 보면 역시 경8 오9 요, 신7 미는8이니 이를 합하면 32수가 된다. 이 수를 다시 5로 나누면 나머지는 2수이고 2는 오행의 화라 화는 토의 소리를 내게 하는 것이므로 토는 화를 얻어야 소리를 냄 납음오행이 토가 되는 것이다. 이하도 모두 같은 방법에서 나온 것이다.

참고 사항

- 사중금·검봉금은 화를 만나야 형체를 이루고,
- 벽력화·천상화·산하화는 수를 얻음으로써 복록이 가득하고,
- 평지일수목은 금이 없으면 영화를 누리지 못하고,
- 천하수·대해수는 토를 만나야 자연히 형통하고,
- 대역토·사중토는 목이 없으면 평생을 그르치게 된다.

이상과 같이 서로 제화하는 묘처를 알아야 할 것이다.

알아둘 요점 사항

1) 육십갑자에서 천간 열 개 숫자를 분명히 알아야 한다.
2) 육십갑자에서 지지 열두 개 숫자를 분명히 알아야 한다.
3) 선천팔괘와 후천팔괘의 뜻 자체를 명확히 구분하여 암기하도록 한다.
4) 천간지지의 숫자에 따른 오행을 분명하게 암기할 것.
5) 오행의 상생, 상극의 중요성을 인식하여야 한다.

제3장

사주(四柱)는 어떻게 세우는가

01 천간 십간(天干十干)과 지지 십이지(地支十二支) · 45

02 육십갑자(六十甲子) · 47

03 태세(太歲)를 정하는 법 · 49

04 태어난 달(생월)의 간지를 정하는 법 · 51

01 천간 십간天干十干과 지지 십이지地支十二支

　사주학에서는 사람이 태어난 연도, 태어난 달, 태어난 날짜, 태어난 시를 가지고 천간지지 두 자씩을 연월일시로 찾으면 사주가 세워지는데 이때 세워진 연월일시에 柱[기둥]를 붙여 연주年柱 · 월주月柱 · 일주日柱 · 시주時柱를 사주라고 하며, 천간에 4자, 지지에 4자 합하여 모두 8자가 되니 사주팔자라 하며, 이것을 가지고 개개인의 운명을 판단判斷하는 자료가 되는 것이다.

　천간 십간이란 제2장에서 설명한 바와 같이 갑을병정… 10개의 수를 말한다.

> 甲 · 乙 · 丙 · 丁 · 戊 · 己 · 庚 · 辛 · 壬 · 癸 : 天干 十干
> 子 · 丑 · 寅 · 卯 · 辰 · 巳 · 午 · 未 · 申 · 酉 · 戌 · 亥 : 地支 十二支

　여기서 천간이란 모두가 하늘의 별을 의미하며 하늘에 있다 하여 천간이라 하며 지지 십이지는 모두 땅에서 활동할 수 있는 12가지 동물로 되어 있어 땅 지 자를 써서 지지 십이지라 하는 것임을 알아야 한다.

사주를 세워 보면

예를 들어 2004년 1월 25일 진시 음력에 태어난 아이가 있다고 가정하여 사주를 세우면 다음과 같다.

태어난 年의 干支	甲申	年柱
태어난 月의 干支	丙寅	月柱
태어난 日의 干支	甲子	日柱
태어난 時의 干支	戊辰	時柱

이렇게 해서 사주가 세워졌으나 이 사주를 세울 때에는 항상 음력을 기준해야 한다. 왜냐하면 만세력을 포함하여 역학이나 천문지리에서는 모두 일년 동안 24절기에 의해서 우주만물의 변화가 생성되는 것을 원칙으로 삼기 때문임을 알아야 하고 또한 여기에서 의문사항이 있는데 이것은 당해 연도의 간지는 알 수 있으나 월과 날짜, 시를 어떻게 뽑아서 세웠는지 모를 것이다.

원칙적으로는 만세력萬歲曆을 보고 연과 달의 월건月建을 뽑고 태어난 시를 알아 사주를 정해야 하나 누구나가 만세력 보는 법을 모르기 때문에 각각의 해당 조건표를 사용하도록 수록하였으니 참고하기 바란다.

02 육십갑자六十甲子

육십갑자는 천간지지의 합을 이루어 대우주의 자연의 법칙을 푸는 데 사용하고자 만든 것이다.

전자에서 설명한 바와 같이 십간은 갑을병정…순으로 열 개가 있으며, 십이지지는 자축인묘진사오미…순으로 하여 열두 개로 되어 있다.

天干:	(陽)	甲	丙	戊	庚	壬
	(陰)	乙	丁	己	辛	癸
五行:		(木)	(火)	(土)	(金)	(水)
地支:	(양)	寅	午	辰戌	申	子
	(음)	卯	巳	丑未	酉	亥

이와 같은 양간과 양지, 음간과 음지를 각각 순차적으로 조합하여 나열하면 육십갑자가 된다.

그러면 육십갑자를 만들어 보자.

| 육십갑자표 |

甲子	乙丑	丙寅	丁卯	戊辰	己巳	庚午	辛未	壬申	癸酉
甲戌	乙亥	丙子	丁丑	戊寅	己卯	庚辰	辛巳	壬午	癸未
甲申	乙酉	丙戌	丁亥	戊子	己丑	庚寅	辛卯	壬辰	癸巳
甲午	乙未	丙申	丁酉	戊戌	己亥	庚子	辛丑	壬寅	癸卯
甲辰	乙巳	丙午	丁未	戊申	己酉	庚戌	辛亥	壬子	癸丑
甲寅	乙卯	丙辰	丁巳	戊午	己未	庚申	辛酉	壬戌	癸亥

위와 같이 육십갑자가 만들어졌다. 여기서 특이한 점은 양간陽干은 양지陽支, 음간陰干은 음지陰支로만 조합하고 있으며 한 자라도 양간과 음지가 섞일 수 없고 만에 하나 양간에 음지가 있거나 음간에 양지가 있다면 잘못된 것을 즉시 알 수 있다.

사주추명학이란 결국 사주에 있어서의 이 간지의 결합結合에 의한 긍정적肯定的인 변화로 볼 수 있다.

03 태세太歲를 정하는 법

태세란 자기가 타고난 생년生年을 말하며 앞서 익힌 천간지지를 안 다음에 생년을 알아야 할 것이다.

보통 신생아를 제외하고는 누구나 자기가 태어난 연월일시의 간지를 알려면 만세력萬歲曆에서 찾아 정한다. 독자들도 만세력을 준비하여야 할 것이다.

자기가 타고난 사주를 정하는 데 있어서 맨 먼저 연의 간지부터 정하는 것이 순서이다. 연의 간지는 자기가 타고난 연도의 천간지지를 가리켜 연의 간지라고 하는데 사주 중에서 가장 쉽게 찾을 수 있는 것이 생년의 간지이다. 즉 만세력에 나와 있는 연도별 항목이나 아니면 현재 연도에서 거꾸로 세어 자기가 태어난 연도까지 세어 가면 되는 것이다.

그러면 예를 들어 태어난 해가 2000년이라고 하면 2000년에는 경진년이라는 연호가 쓰여 있다. 그러면 그것이 자신이 태어난 태세즉 생년가 되는 것이다.

여기에서 주의할 것은 만세력의 모든 생년은 음력을 표준으로 하여 정한 것이므로 구년과 신년을 구분할 적에는 음력 구정, 즉 정월 초하루를 기준하여 정하는 것이 아니고 입춘일을 표준으로 하여 신년과 구년을 따지는 것이니 명확히 알아두어야 할 것이다.

또 입춘일에 태어나는 아이도 있을 것이다 이런 때에도 입춘일 당일 입춘이 들어는 시간이 정해져 있다. 만약 당일 오후 네 시 삼십 분이 입춘절 절입節入 시라면 네 시 삼십 분 전에 태어났으면 전년의 간지를 써야 하며, 네 시 삼십 분 후에 태어났으면 신년도 간지를 써야 한다.

04 태어난 달生月의 간지를 정하는 법

대부분 독자들이 태어난 달의 간지를 어떻게 구하는지 모른다. 생월의 간지를 월건月建이라고 하는데 이 월건은 만세력을 보면 매월마다 표시되어 있다. 즉 1월이면 인寅월에 해당됨으로 연도에 따라 甲寅 · 丙寅 · 戊寅 · 庚寅 · 壬寅 중에서 당해년의 월건이 오게 되어 있다.

그리고 생월의 간지를 정함에 있어 특히 주의해야 할 것은 연의 간지를 정할 때 입춘절立春節을 기준하듯이 각각의 달에 대한 간지를 정함에 있어서도 절입일節入日의 시기를 표준으로 한다.

가령 음력 1990년 2월 9일생일 경우 자기가 태어난 달의 월건月建의 간지가 2월이기 때문에 己卯 月建이다. 그러나 절기상으로 2월의 절입이 2월 10일부터 절입하였기 때문에 2월 9일인 자는 전월前月의 월건을 사용하여 무인戊寅이 되는 것이다.

【4-1】 각월의 절입節入 시기 음력 기준임

1월 : 입춘(立春)	2월 : 경칩(驚蟄)
3월 : 청명(淸明)	4월 : 입하(立夏)
5월 : 망종(芒種)	6월 : 소서(小暑)
7월 : 입추(立秋)	8월 : 백로(白露)
9월 : 한로(寒露)	10월 : 입동(立冬)
11월 : 대설(大雪)	2월 : 소한(小寒)

(단 절입 일시는 만세력에 기입되어 있으니 만세력을 참고할 것.)

【4-2】 각월의 고정된 지지

각월의 간지는 만세력萬歲曆을 참고하면 되지만 만세력 없이 각월의 간지를 알 수 있다. 우선 월지月支는 매월 변함없이 고정되어 있으므로 이를 암기하면 매우 편리하다.

| 각월별의 지지표 |

월 별	1월	2월	3월	4월	5월	6월	7월	8월	9월	10월	11월	12월
월 지	寅	卯	辰	巳	午	未	申	酉	戌	亥	子	丑

매월 고정적인 월지이다.

【4-3】 월간

월간 역시 일정한 법칙에 의해서 정해진다. 우선 오행을 알아야 이해하기에 도움이 되겠으나 오행은 오행란을 참고할 것이며 체계상 간합干合만 설명한다. 간합이란 천간끼리 짝을 찾아 합이 되도록 짝을 지어 주고 간합하여 짝을 이룬 합수는 오행이 변화한다.
간합干合의 변화과정을 살펴보자.

天干	:	甲	乙	丙	丁	戊	己	庚	辛	壬	癸
五行	:	木	木	火	火	土	土	金	金	水	水
陽陰	:	陽	陰	陽	陰	陽	陰	陽	陰	陽	陰

이상은 천간, 십간의 기본적인 오행이 나타나 있으나 간합이 되면 오행 자체가 바뀌게 된다. 천간은 10개이므로 열 개를 반으로 나누면 다섯 개씩으로 나누어지게 되는데 甲과 己가 짝을 이뤄 土로 변화가 된다. 이런 과정을 간합이라고 한다.

| 간합표干合表 |

甲己 = 土(토)
乙庚 = 金(금)
丙辛 = 水(수)
丁壬 = 木(목)
戊癸 = 火(화)

즉 甲과 己가 합하여 본래의 오행을 떠나 土가 되었다는 것이다. 위에서 보는 바와 같이 甲의 원래 오행은 木이었다. 이 변화과정에서도 분명히 알아둘 사항은 양은 음을 만나고 음은 양을 만나야 한다는 사실이다.

독자들은 오행의 상생법을 제2장에서 이미 습득하였을 것이다. 매월의 간은 그 연간의 오행을 생하는 오행 중 양간부터 시작되어야 한다.

예를 들면 甲己년에는 土로 변화되었으므로 土를 생하는 양간 월이 화생토로 생하기 때문에 1월의 지지가 寅월이니까 生하는 양간부터 시작하면 丙寅월이 1월이 되는 것이다. 그러면 甲己년에는 1월 丙寅, 2월은 丁卯, 3월은 戊辰, 4월은 己巳 월…순으로 12월까지 순차적으로 행하면 된다.

이해를 돕기 위해서 조견표를 실었으니 참고하기 바란다.

| 월간 조견표 |

節入	立春	驚蟄	淸明	立夏	芒種	小暑	立秋	白露	寒露	立冬	大雪	小寒
年干	1월	2월	3월	4월	5월	6월	7월	8월	9월	10월	11월	12월
甲己	丙寅	丁卯	戊辰	己巳	庚午	辛未	壬申	癸酉	甲戌	乙亥	丙子	丁丑
乙庚	戊寅	己卯	庚辰	辛巳	壬午	癸未	甲申	乙酉	丙戌	丁亥	戊子	己丑
丙辛	庚寅	辛卯	壬辰	癸巳	甲午	乙未	丙申	丁酉	戊戌	己亥	庚子	辛丑
丁壬	壬寅	癸卯	甲辰	乙巳	丙午	丁未	戊申	己酉	庚戌	辛亥	壬子	癸丑
戊癸	甲寅	乙卯	丙辰	丁巳	戊午	己未	庚申	辛酉	壬戌	癸亥	甲子	乙丑

여기서 갑기년 중 甲年이란 갑자·갑인·갑진·갑오·갑신·갑술년을 말하며, 기년은 기축·기묘·기사·기미·기유·기해년을 말함이니 이 점을 분명히 알아야 한다.

【4-4】 생일生日의 간지干支를 정하는 법

　지금까지 생년과 생월의 간지를 뽑는 법에 대해서 알아보았다. 예를 들어 음력 2004년 1월 25일 진시에 태어난 사람의 생년간지와 생월의 간지를 알아보고 생일의 간지를 알아보기로 한다.

　　2004년의　　　　　　　　간지 : 甲申 生年太歲라고도 한다.
　　2004년 1월의　　　　　　간지 : 丙寅 月建이라 한다.
　　2004년 1월 25일　　　　　간지 : 甲子 日辰이라 한다.
　　2004년 1월 25일 진時　　 간지 : 戊辰 時柱라 한다.

　여기까지 생년의 간지와 생월의 간지가 나타나 있다. 다음은 계속해서 생일의 간지와 시지의 간지를 알아보자.
　생년의 간지와 생월의 간지는 앞서 설명한 것처럼 쉽게 찾을 수 있으나 자기가 태어난 날의 간지를 찾는 데는 만세력을 이용하지 않고는 매우 난이하다. 왜냐하면 자기가 태어난 날의 간지를 외우고 다닌다든가 아니면 달력을 거꾸로 환산하여 계산해야 하는데 나이가 많은 사람일수록 더욱더 어려워진다. 그래서 자기가 태어난 날의 간지는 반드시 만세력을 기준해서 찾아야 한다.
　예컨대 갑신년 1월 25일에 태어난 사람의 생일 간지를 찾아보면,

　① 만세력에서 서기 2004년을 찾는다.
　② 1월의 월건을 찾으면 丙寅, 正月小라고 되어 있으며 큰 달은 大라고 쓰여져 있으며, 작은 달 小는 29일이며 큰 달 大는 30일로 되어 있다.

③ 日辰에 月白·立節 등이 있으나 생략하고 아래 각월별로 찾아들어가서 날짜별로 찾으면 된다.
④ 태어난 날짜가 1월 25일이니까 甲子가 된다 즉 갑자일에 태어났다는 것임.
⑤ 앞서 설명한 2004년의 1월 25일 생일의 간지를 적어 넣으시오.

주의할 것은 대부분 이 자시에서 혼동하여 당일로 할 것인가, 익일로 할 것인가 구분을 못하는 경우가 있는데 분명히 알아야 할 것은 연의 구분은 입춘으로 구분하고 각월의 구분은 절입시를 표준으로 하듯이 日날짜의 구분은 시로 정하여야 한다. 즉 자시는 일본 도쿄 시를 기준으로 하여 사용하고 있다.

최근은 컴퓨터로 시를 구분하면 분과 초까지 정확하게 알 수 있으나 대부분 청장년 이하 층을 제외하고는 모두가 컴퓨터를 사용하지 않는 관계로 기존의 근사치까지만 구분하여 사용한다.

가령 오늘밤 11시 20분부터 자시가 시작되어 12시[零時]를 지나 01시 20분까지를 자시로 보는데 여기서 12시[영시] 20분까지는 당일 간지[甲子]를 쓰고 12시 21분이 지나서부터는 다음날 간지[乙丑]를 써야 한다.

그래야 영시 20분 이내는 야자시夜子時가 되며, 그 후로부터는 조자시朝子時가 되는 것이다.

【4-5】 생시生時의 간지干支를 정하는 법

태어난 시의 간지는 월건과 마찬가지로 지지는 항상 같으나 천간의 간지는 태어난 시간에 따라 달라진다. 즉 일간이 태어난 시에 따라 변화하여 결정된다는 것이다. 사주학에 있어서 오늘날 우리들이 사용하는 시는 통상적으로 정시正時를 기준하여 나뉘어 시간을 정하였으나 저자는 컴퓨터에서 통계학적으로 바뀌는 시간이 제일 가까운 근사치近似値에서 변하는 시간을 기준하여 표를 작성하였으니 기존 시간표와 혼돈하지 말고 사용하면 더욱더 정확한 시가 될 것이다.

子時 : 오후(밤)	11 : 21 ~ 오전 01 : 20분	
丑時 : 당일	오전 01 : 21 ~ 오전 03 : 20분	
寅時 :	오전 03 : 21 ~ 오전 05 : 20분	
卯時 :	오전 05 : 21 ~ 오전 07 : 20분	
辰時 :	오전 07 : 21 ~ 오전 09 : 20분	
巳時 :	오전 09 : 21 ~ 오전 11 : 20분	
午時 :	오전 11 : 21 ~ 오후 13 : 20분	
未時 :	오후 13 : 21 ~ 오후 15 : 20분	
申時 :	오후 15 : 21 ~ 오후 17 : 20분	
酉時 :	오후 17 : 21 ~ 오후 19 : 20분	
戌時 :	오후 19 : 21 ~ 오후 21 : 20분	
亥時 :	오후 21 : 21 ~ 오후 23 : 20분	

시의 간은 만세력에도 나와 있지 않아 시를 정하는 조견표를 참고하면 된다. 그러나 구태여 조견표 없이 알고자 할 때에는 월간의 간합으로 생하는 순서로 알아내듯이 일간日干의 간합을 극하는 양인 오행부터 자시로 시작하면 된다. 예를 들면 갑기일지는 甲己 土이므로 土를 극하는 陽甲이 와야 되므

로 갑자부터 시작하여 을축시, 병인시…순으로 진행된다.

| 시간 조견표 時干 早見表 |

時　干	子時	丑時	寅時	卯時	辰時	巳時	午時	未時	申時	酉時	戌時	亥時
甲己日	갑자	을축	병인	정묘	무진	기사	경오	신미	임신	계유	갑술	을해
乙庚日	병자	정축	무인	기묘	경진	신사	임오	계미	갑신	을유	병술	정해
丙辛日	무자	기축	경인	신묘	임진	계사	갑오	을미	병신	정유	무술	기해
丁壬日	경자	신축	임인	계묘	갑진	을사	병오	정미	무신	기유	경술	신해
戊癸日	壬子	癸丑	甲寅	乙卯	丙辰	丁巳	戊午	己未	庚申	辛酉	壬戌	癸亥

이상과 같이 연간지·월간지·일간지·시간지를 뽑는 법을 설명하였다. 앞서의 도표에 2004년 1월 25일 진시를 넣으면 무진시가 될 것이다. 특히 누구나 생년월일시의 사주를 세우면 천간지지 8자가 나오는데 이 오행으로 운명을 판단하게 되므로 독자는 계속해서 사주 세우는 법을 연구하여 정확한 사주를 세울 수 있도록 노력을 거듭해야 할 것이다.

【4-6】 천간지지天干地支의 성정性情

甲子, 乙丑 육십갑자六十甲子를 만드는 천간 십지와 지지 십이지지가 있는데 이들 각자가 오행과 음양과 각각의 성질을 가지고 있다. 예를 들어 甲木이라면 오행으로는 木이요, 음양은 陽木이요, 성질은 단단한 강목剛木이며, 대들보 같은 나무이며 죽은 나무이다. 그러면 천간지지의 각각의 성정을 알아보자.

먼저 천간에서는 형이상학적形而上學的과 형이하학적形而下學的으로 구분하여 설명하는데 먼저 형이상학적에 대해서 설명한다.

형이상학적이란 하늘에서 기운이 날아오는 형체로 해석할 수 있으나 형체가 보이지도 않으며 손으로 잡히지도 않는 기운만 느껴지고 형체가 없는 것이 특징이라 할 수 있다.

또한 형이하학적으로는 모든 물체가 땅에 있으며 손으로 만질 수 있고 움직이는 형체로 각종 동물이나 인간에 의해서 형체를 알아볼 수 있는 것을 형이하학적이라고 할 수 있다.

1) 천간의 성정性情

(1) 갑목甲木

갑목은 원래 동방목이라 하는데 형이상학적으로는 기氣가 목에 해당된다. 또한 천둥소리나 우레로 나타내며, 용으로도 나타내고 온과 난이 되기도 하며, 항상 마음이 넓은 도량을 지니고 있고 포용력과 자비심이 많으며 항상 따뜻한 기운을 가지고 있는 것이 특성이다.

한편 형이하학적으로 보면 대들보와 같은 동량지목棟樑之木이요, 많은 숲을 이루고 있는 대림목大林木이요, 뿌리가 없는 사근지목死根之木이요, 강한 나무이며 음과 양으로는 양목陽木으로 적용되고 있다.

그 이유는 갑목이란 자라나는 나무가 아니라 다 자라서 이미 베어져 사용처에 쓰여질 수 있는 나무에 속하기 때문에 놓아두면 고목으로서 썩어 버리고 만다. 그래서 갑목은 반드시 경금庚金과 같은 강한 금에 의하여 잘라 쓰거나 깎아서 쓸 수 있는 나무가 되어야 제 구실을 다 할 수 있는 것이다.

뿐만 아니라 갑목은 만물생육萬物生育의 주체가 되며 계절로는 봄이며 천간으로는 시작이요, 또한 머리가 되는 것이다.

이상과 같기 때문에 성품 자체가 항시 시작을 좋아하고 우두머리격 성격의 소유자이기 때문에 항시 남의 구속을 싫어하고 때로는 반항적인 면도 보여서 직장이나 동료들로부터 자기 자신을 너무 돋보이려는 행동을 보이면, 보이지 않는 시기와 질투의 암시가 항상 따라다닌다.

또한 성격 자체가 폭넓은 포용력이 많아 남녀 모두 장남長男 행세를 하여야 마음이 편하며 부모에게 효성심도 높다.

(2) 을목乙木

을목은 형이상학적으로는 바람[風]을 말하는데 이는 살아 숨쉬는 나무로서 활목活木이라 칭한다. 왜냐하면 비와 바람을 맞으며 숨쉬고 살아 있는 까닭이다. 살아 움직이고 있다는 것은 자연의 순리에 따라 산소가 공급되고 있기 때문에 활목活木은 자연적인 바람을 일으키며 산소를 내뿜어 깨끗한 에너지를 전달해 주기도 한다.

그러나 한편으로는 활목에는 적당한 수분이 있어야 됨으로 너무 찬 물이 많이 공급되거나 아니면 화기가 너무 심하게 올라오면 나무가 견디지 못하고 시들거나 얼어서 죽기까지 하는 경향이 있다.

형이하학적으로는 전자에서 밝힌 바와 같이 활목이요. 생목이며, 버드나무 같이 야들야들한 나무이기도 하다. 또한 살아 있는 나무임으로 뿌리가 있는 초근지목草根이 되기도 한다. 또한 음목이고 음지여서 습濕한 데가 있기 때문에 반드시 불을 만나야 유리하며 음에 속하게 됨으로 갑목과 같이 거목(棟樑之木)은 못 되며 동량지재로 쓰이게 됨을 알아두어야 한다. 즉 자잘한 재료로 쓰인다는 말이며, 큰 인물은 못 된다는 말이다.

성격을 살펴보면 음목陰木·습목濕木·유목幼木으로서 보기에는 연약하게 보이나 추진력推進力은 따를 자가 없으며 남에게 간섭을 받는 것을 싫어하고 모든 일을 알아서 스스로 처리할 수 있는 능력의 소유자이다. 외형적이기보다는 내적인 면에 강하며 성품이 온화하고 부드러운 성품이어서 모든 일의 마무리를 잘하고 인화를 중요시한다.

(3) 병화丙火

병화는 형이상학적으로는 태양이요 두뇌이며 정신이요, 전광선?자외선?경사선 등에 속하고 따뜻함이나 더운 여름철로 나타낸다.

형이하학적으로는 용광로의 爐治之이요, 태양처럼 강렬한 强烈之火이나, 살아 있는 활화가 아니고 죽어 있는 사死火라 할 수 있다.

또한 남쪽의 불이라 왕성한 왕화가 되는데 이 병화는 한낮에 중천에 높게 떠 있는 태양과 같아 천하를 넓고 밝게 비추어 줌으로 넓은 큰 뜻을 마음 속에 품고 있다. 또한 나무를 태워 어떠한 쇠鐵라도 녹일 수 있어 어떠한 모양의 기구를 만들 수 있으니 가지고 있는 재주가 보통이 아니어서 뛰어난 아이디어를 많이 만들어 내게 된다.

성품으로는 태양이니 밝은 심성의 소유자로서 거짓말을 못 하며 만인에게 평등을 좋아하고 바른말을 잘하나 뒤끝이 없는 자이기도 하다. 그러나 때로는 아는 체를 잘해서 주변 사람들로부터 구설이 따르는 수가 허다하다. 또한 남의 비밀을 지키지 못하며 평상 시에도 음성이 커서 간혹 음악가 등도 많이 나온다. 음성이 커서 남에게 오해를 받기 쉬우나 뒤끝이 없고 뒷수습이 약한 것이 단점이라 할 수 있다. 또한 눈빛이 초롱초롱 정기가 서려 큰 인물이나 범상치 않은 인물처럼 보이는 호남형의 성품을 가지고 있다.

(4) 정화 丁火

정화는 형이상학적으로는 태양의 반대인 달[月]이요. 태음太陰이라 별에 속하며 외음, 내양으로서 만물의 정기精氣요 문명지상이라 하겠다. 형이하학적으로는 등불과 같은 연약한 불이지만 활활 타는 활화이며, 유화와 음화로 구분된다.

성품으로는 겉은 약해 보이나 내적으로는 강하여 항상 무에서 유를 창조해 내는 아이디어를 가지고 있다.

새로운 일을 추진함에 있어서도 이미 만들어진 일을 마무리하는 것보다도 새로운 아이디어를 발휘하여 새롭게 하기를 힘쓴다. 매사에 추진력이 매우 강하며 자기 실속을 차리는 데는 따를 자가 없다. 인정이 많은 반면에 다소 수다스럽기도 하여 주위 사람들에게 분수가 없다는 소리도 듣는다.

사주에 토가 과다하면 키가 작고, 목이 과다면 키가 크고 금과 수기가 많으면 평균을 넘지 못하고 이마는 대체적으로 넓은 편이며 네모난 형에 가깝다.

(5) 무토 戊土

무토는 형이상학적으로는 중성에 속하며 중재 역할을 잘하는 조절신이며. 자력이고 구심점이다. 소리로는 무성이며 황색으로 안개에 속할 수 있으니 곡 필요한 곳에서는 없어서는 안 될 중요한 사람이 된다.

형이하학적으로는 산과 연안 부두이며 제방이나 넓은 황야와 흙으로 나타낼 수 있다.

성품은 신용이 있고 마음이 관후하고 주체 의식이 뚜렷하여 이리저리 흔들리지 않는 자이다. 무토의 특성은 구심점이고 중심이 되기 때문에 항상 많은 사람들이 주변에 모여들어 도와주며 모체가 된다. 여러 사람의 결정적인 자문에 상담역할을 많이 하여 주고 해결하여 준다. 또한 분쟁이 일어난 곳에서도 나타나 해소시킬 수 있는 장점을 가지고 있다. 평상 시 행동이 약간 느리며 과묵한 말을 잘하며 눈초리가 예민한 것이 특징이다.

(6) 기토己土

기토는 형이상학적으로는 기의 원천인 원기가 되며, 형이하학적으로는 가색지토稼穡之土인 진토로 종자를 뿌릴 수 있는 진토요 전답田畓이라 말할 수 있으며, 성품으로는 순직하고 부드러운 인격의 소유자이다.

그러나 보는 시야가 좁은 경우가 많아 속이 좁다는 소리를 들을 수 있으며 약간 능글맞은 면도 있다. 그뿐만 아니라 묘하게 의심도 많고 매사에 있어서 까다롭다는 것이 흠이 될 수 있다. 특히 운동 신경이 발달하여 중?단거리 선수가 많으며 축구선수로 두각을 나타낸다. 위장이나 비위가 허약한 것이 특징이다.

(7) 경금庚金

경금은 형이상학적으로는 백기요, 금기이며, 서방의 백호를 들 수 있으며 사람을 해칠 수 있는 숙살肅煞로도 사용되고, 무쇠와 병기라고도 할 수 있다.

그러나 원재료에 속할 뿐이지 철로서 아직 제련이 되지 않은 상태이다. 성격으로는 칼로 금을 긋듯이 냉철함과 의리가 있으나 작은 일에도 화를 잘 내며 남의 의사를 무시하는 경향이 있다. 또한 일을 스스로 만들어 생활하기를 좋아하여 개척정신이 강하다. 그래서 너무 지나치게 완벽을 기하다가 시기를 놓치는 경우도 있다.

항상 변화하는 것을 좋아하므로 성격이 냉정하여 여러 사람들과 교제하기를 꺼린다. 또한 혁명가적 기질이 있고 애국정신이 강하여 가끔은 열사인 사람도 많이 있다. 그래서 군인, 경찰, 즉 병권을 장악하는 직업에 많이 종사하는 경우가 많다. 성격의 특징으로는 자기 스스로 자제력이 없으면 중도하차 할 경우 성품이 다소 난폭하여 재앙을 불러일으키게 되니 자제력에 역점을 두어야 할 것이다.

(8) 신금 辛金

신금은 형이상학적으로는 음금이며 수정이나 진주와 같은 결정체로서 태음에 속하는 음금이 되며 형이하학적으로는 부드러운 유금에 속하는데, 금이나 은, 주옥과 같이 제련된 금을 말한다. 즉 알루미늄과 같은 금속재를 말하는 것이다.

성격으로는 겉보기에는 연약해 보이고 온순한 성품을 지니고 있는 듯하나 마음이 굳고 단호한 행동을 보이는 면도 있다. 또한 청백하며 냉철하기도 하나 때로는 예의와 겸손을 겸비한 자도 있다. 특히 천간의 일주가 신일에 태어나면 여자로서는 피부가 고운 미인이 많고 법조계, 종교계 등에서 많이 활동한다.

(9) 임수 壬水

임수는 형이상학적으로는 물水이요, 정신에 속하며, 겨울 물이라 눈雪이요, 구름[雲]이며 얼음 등으로 나타내고 있다. 또한 만 가지 시작의 근원이요 생명수의 근본이 되기도 한다. 방위는 북방이며 재물로도 나타낸다.

형이하학적으로는 바닷물과 같은 대해수大海水요, 강한 짠물처럼 강수剛水요, 움직이지 않는 사수死水요, 정지수停止水에 해당한다.

성품으로는 창의력이 뛰어나고 지혜와 인내심이 많다. 또한 마음이 바다같이 넓고 마음이 깊어 속마음을 잘 드러내지를 않아 때로는 오해를 사기도 한다. 체력도 좋고 지칠 줄 모르는 강인한 체력의 소지자라 정력도 강한 것이 특징이다. 보편적으로 체형이 크고 비만인 사람이 많으며 말년에는 중풍이나 혈압 등으로 고생 하는 경우가 많다.

(10) 계수 癸水

계수는 형이상학적으로는 음수이며, 약弱한 물이며, 부드러운 물[柔水]이며, 이슬露과 같은 물로 볼 수 있고, 형이하학적으로는 땅 속에서 솟아나는 생수요, 활기차게 흐르는 활수요, 산 계곡을 흐르는 시냇물 같은 천수川水요, 온천수溫泉水 같은 물이다. 즉 정지되어 썩어 가는 물이 아니고 흘러다니는 물을 의미한다.

성품으로는 법과 질서를 잘 지키는 준법정신이 함양되어 있으며, 통솔력이 있고 또한 빼어난 두뇌를 가지고 있으나 우두머리보다는 오히려 참모를 좋아하는 격이다. 또한 여자는 남자 같은 기질을 가지고 있으나 애교가 많으며 마음씨가 온유하여 순종하면서 조용히 내조하며 노력하는 형이 많다.

그뿐만 아니라 상대방의 대화나 기분을 잘 관찰하여 조화를 잘 맞춰 주는 기분파이기도 하다.

이렇게 천간 열 가지를 형이상학적과 형이하학적으로 알아보았으나 이는 다만 단순한 판단으로서 성정이나 성격 등을 파악하는 참고 자료이므로 상대에 따라 얼마든지 적응 능력이 달라질 수 있다는 점을 알아야 하며, 암기하여야 할 것이다.

2) 십이지十二地支의 성정性情

(1) 자수子水

자수는 쥐띠이며, 수기水氣이며, 음수陰水이다. 십이지의 첫번째이며 한랭지수寒冷之水요, 한류寒流요, 빙설氷雪이요, 일양지생一陽之生이며, 외양 내음外陽內陰에 속하고, 유하지성流下之性으로 유하려는 성질을 가지고 있고, 생수生水이고, 활수活水이며, 온천수와 같은 천수泉水요, 방위는 정북正北이요, 흑색이며, 달로는 11월이요, 절기節氣는 동지에 속하고, 하루로는 자정子正이며, 인체人體로는 신장腎臟이요, 수리數理로는 1에 해당되며, 괘卦는 감괘坎卦이고, 성격은 子日 생으로 지혜에 해당한다.

그래서 머리가 영리하다.

(2) 축토丑土

축토는 소띠이며, 그릇을 만드는 토기土器로도 사용되며, 음토陰土에 속한다. 동지를 지나 섣달인 축토라 차가운 한랭지토寒冷之土이며, 습기가 있는 습토濕土이며, 자축으로 두 번째에 속하는 이양지기二陽之氣가 되고, 동북간東北間에 배속이 되며, 간괘艮卦이고, 황색으로 항상 중앙을 차지하고, 월은 음력으로 12월이고, 절기節氣는 한겨울인 대한이다.

하루로는 새벽 1~3시[丑時]이며, 인체로는 복부인 배, 즉 두장頭腸에 해당되고, 수리數理로는 10이라 성격은 우직하며 고집이 세고 근면성실勤勉誠實하다. 그러나 평생에 액厄이 많이 따른다.

(3) 인목寅木

인목은 범띠[虎]이며, 형이상학적으로는 오행이 목기木氣에 해당되고, 메마른 양목이다. 또한 단단한 강목剛木으로서 땔감이나 마른 나무인 조목燥木이며, 살아 있지 않은 사목死木이다.

대들보처럼 사용할 수 있는 동량지목棟樑之木이라 하며, 불소시개로 사용함으로써 인화물질引火物質이나, 폭발물爆發物과도 같다, 양으로는 세 번째인 삼양지기三陽之氣이며, 계절季節은 이른 봄에 속하고, 월은 1월正月이다. 절기節氣상으로는 입춘立春에 해당되며, 수리數理는 3이 되고, 방위로는 동북간東北間이며, 간괘艮卦이다, 색은 청색이며 하루로는 새벽 3~5시로 인시寅時이다, 인체로는 팔다리격이며, 성격은 포부가 크고, 많은 사람에게 좋은 일 많이 하고, 인정도 많고 또한 인정에 약하다.

(4) 묘목卯木

묘목은 토끼兎띠이며, 형이상학적으로는 오행이 목기木氣에 해당되고, 젖어 있는 음목陰木과 습목濕木으로 구분되며 살아 있는 활목活木이며, 유약한 유목柔木으로 양류목楊柳木에 해당된다. 초근목草根木으로서 수기가 있어야 살 수 있고 바람과 비를 맞고 자라기 때문에 뇌풍雷風이라고도 한다.

십이지지의 네 번째에 해당되는 양이므로 사양지기四陽之氣이며, 정동正東

쪽에 해당되고, 계절季節로는 중춘仲春지절이요, 시간은 오전 5~7시로 묘시卯時가 된다. 수리數理로는 8이며, 괘卦는 진괘震卦가 되고, 색은 동방인 청색으로 푸른 것을 의미하고 절기節氣로는 경칩驚蟄으로 겨울잠을 자던 개구리 등이 깨어나는 절기에 속한다. 월로는 2월이 되며 사람의 인체人體로는 수족에 해당된다.

성격으로는 인정 많고 양순良順하며, 이상이 적은 것이 단점이다. 직업은 의약醫藥, 법조계法曹界나 종교宗敎, 철학哲學에 연관된다.

(5) 진토辰土

진토는 용띠에 해당하고 형이상학적으로는 오행이 토기土氣에 해당된다. 용龍으로도 표현되고 괘卦로는 진震괘이며, 가색지토稼穡之土인 양토陽土이다. 살아 숨쉬는 흙이 아니고 이리저리 옮겨 놓을 수 있는 사토死土가 되나 곡식을 심을 수 있는 습토濕土가 됨으로 가색지토라고 한다. 지지 순서에서 다섯 번째에 해당되며 양에 속하므로 오양지기五陽之氣이다.

또한 삼월로 이른 봄기운이 솟아오르는 기운에 왕성한 왕토旺土가 되며, 커다란 제방堤防이나 산과 연안沿岸 등이 되고, 방위로는 동남간東南間이요, 계절季節은 만춘지절晩春之節인 늦은 봄을 말하며, 하루의 시간으로는 오전 7~9시로 진시辰時에 속하고, 수리數理로는 5에 해당하며, 색은 황색으로 중앙을 관장하고, 절기節氣는 청명淸明에 해당된다. 월은 3월이고, 사람의 인체人體로는 배腹와 뇌腦에 속한다.

성격은 이상과 꿈이 높으나 사주가 중화中和를 얻지 못하면 매사에 꿈속에서 재물을 얻듯이 몽중득금夢中得金이라 하며 진토辰土가 일주에 있으며 십이운성에서 병과 같이 있으면 풍습風濕과 당뇨糖尿 등에 조심이 따른다.

(6) 사화巳火

사화는 뱀띠이며 형이상학적으로는 화기火氣와 양화陽火에 속하고 4월 음월로서 약한 불로 볼 수 있으나 양화로서 왕성한 화왕火旺이 되나 죽어 있는 사화死火이다. 매우 강한 열을 지니고 있어 강렬지화强烈之火이며 용광로의 쇠를 녹일 수 있는 노치지화爐治之火이다. 또한 적외선赤外線이나 방사선放射線·자외선紫外線·광선光線 등에 해당되며, 양의 마지막인 여섯 번째인 육양지기六陽之氣이다. 음과 양의 극極이 되며, 동남간이 되고, 손괘巽卦가 된다. 계절은 초하初夏이며, 하루의 시간으로는 오전 9~11시로 사시巳時가 된다. 수리數理로는 2가 되고, 색은 자색紫色이고, 절기로는 입하立夏요, 월은 4월이요, 인체人體로는 치아齒牙 또는 풍습風濕에 해당된다.

성격은 외곬수이나, 변덕이 심하고 한번 성질이 났다 하면 좌우를 살피지 못하는 것이 단점이다. 또한 이무기와 같고 불평불만이 많은 편이며 혈압血壓과 풍질風疾, 간장肝臟 등이 조심된다. 직업으로는 의약업醫藥業이나, 간호사看護士·약사藥師·의사醫師·이발사理髮師·미용사美容師 등이 적합하다.

(7) 오화午火

오화는 말띠이고 형이상학적으로는 오행상 화기火氣에 해당된다. 같은 불이라도 양화와 음화가 있는데 오화는 음화陰火의 성질을 가지고 있다. 반면 살아 있는 불로서 생화生火요, 활활 타오르는 불에 속한다. 음촉지화陰囑之火로서 양의 여섯육양 지기가 끝이 나고 음이 일음부터 시작되는 일음지기一陰之氣로 시작되는 단계이다. 방위는 정남正南 방위가 되고 이괘離卦가 된다.

계절季節은 무더운 여름철의 중간인 중하仲夏에 속하고 절기節氣로는 오월의 망종에 속한다. 하루의 시간으로는 오전 11시~오후 1시로 오시가 되며 수리數理로는 7이 되고, 색은 홍색紅色이다. 인체로는 심장心臟과 배에 해당되며, 성격은 아집我執이 강한 반면 겉은 강하나 속은 약한 면이 있다. 매사 변화를 좋아하고 멋과 낭만을 좋아한다. 또한 주색酒色을 좋아하고 직업은 요식업 특히 불에 굽는 음식 등이 좋으며 의약업, 독극물 毒劇物 취급, 인화물질引火物質 · 폭약爆藥 · 화공化工 · 전자電子 등에 인연이 있다. 간혹 중개인, 판 · 검사 등도 있다.

(8) 미토未土

미토는 양띠이며 흙으로 그릇이나 기구를 만들어 사용할 수 있는 토기土器에 해당되며 형이상학적으로는 오행상 음토陰土에 속한다. 약간 건조한 흙으로서 음의 두 번째인 이음지기二陰之氣가 된다. 삼복 더위에 해당되는 삼복염천지기三伏炎天之氣로도 불리우며, 서남간西南間이 된다.

그리고 곤괘坤卦가 되며 천지의 땅인 건곤으로 아버지와 어머니로도 표현되나 곤은 어머니母로 나타내며, 계절로는 늦은 여름에 속한다. 하루 중의 시간으로는 오후 1시~3시로 미시未時이고 수리數理로는 10에 해당되고, 색은 황색이다. 절기로는 소서小暑이며, 월은 음력 6월에 해당되고 인체로는 코와 뇌腦에 속한다. 또한 성격性格은 양순良順한데 정력이 매우 강強하다. 보이지 않는 심술心術도 있다.

(9) 신금申金

신금은 원숭이[猴]띠에 속하고 형이상학적으로는 오행상 금기金氣에 속한다. 서쪽의 모든 금은 백색이고 백금에 속함으로 백기白氣이며, 양금陽金이다. 또한 강한 금강석이나 다이아몬드처럼 아주 강한 강금剛金으로서, 완금

장철과 같은 금으로, 사금死金이다.

　또한 음의 세 번째에 속하는 삼음지기三陰之氣에 해당되고, 사람을 살리고 죽일 수 있는 숙살지권肅煞之權을 가지고 있다. 방위는 서남간에 속하고, 곤괘坤卦이며, 계절은 초가을에 속한다. 하루의 시간으로는 오후 3~5시가 되며 신시申時이다. 수리數理로는 9에 해당되며, 색은 백색, 절기로는 입추立秋, 월은 음력 7월이며, 인체로는 해수咳嗽, 즉 기침이나 폐질환을 말하고, 성격은 이상과 꿈이 뛰어나고, 재주가 뛰어나 넘치는 것이 흠이 된다.

(10) 유금酉金

　유금은 닭띠이고, 형이상학적으로는 금기金氣이며, 백기白氣에 속하고 아직 제련되지 않은 완금장철頑金丈鐵의 상태이다. 음으로서는 네 번째의 사음지기四陰之氣에 속하며, 양금과 음금陰金 중 음에 해당되며, 땅 속에 살아 있는 생금生金으로서, 금·은·주옥·침과 같은 비철금속非鐵金屬에 해당된다.

　또한 부드러운 유금柔金으로서 제련製鍊 가공된 金이나, 연금鍊金 된 청백한 금으로 순결을 뜻하기도 하며, 건조[燥]한 금으로도 여기나 결실結實을 뜻하기도 한다. 방위는 정서正西쪽이며, 태괘兌卦이다.

　계절은 중추절로 추석이 있는 달이며, 하루의 시간으로는 오후 5~7시로 유시酉時이다. 수리는 4가 되며, 색은 백색이요, 절기로는 백로로 이슬이 내리기 시작한다. 월은 음력 8월이며, 인체로는 폐肺와 간肝이며, 성격은 청렴결백淸廉潔白하고, 희생犧牲 정신이 많으며, 한편으로는 구설이 많이 따른다.

(11) 술토戌土

　술토는 개띠이고 형이상학적으로는 오행이 토기土氣이며 음토陰土와 양토

陽土 중 양토에 해당된다. 여름철에 뜨거운 태양볕을 받아 왕성한 왕토旺土가 된다. 흙으로 토기土器를 만들 수 있어 사토死土이다. 또한 강한 불에 달구어진 강토剛土이며, 커다란 제방堤防과 산, 연안沿岸으로도 볼 수 있다.

음의 다섯 번째인 오음지기五陰之氣로 구분되며, 방위는 서북간西北間이고, 괘는 건괘乾卦로 천지의 하늘을 뜻하고 아버지로도 표현하며 계절은 만추晚秋에 해당된다. 하루의 시간은 오후 7~9시로 술시戌時이며, 수리數理는 5에 해당한다.

색은 황색으로 중앙을 뜻하며 만인의 조절신으로 활약을 한다. 절기로는 한로寒露에 해당하고, 월은 9월이며 황금기인, 황토黃土가 이를 뒷받침하고 있다. 인체로는 복부腹部와 폐肺가 되며, 성격은 한번 믿으면 변함이 없고, 상대방을 잘 믿는다.

(12) 해수亥水

해수는 돼지[猪]띠이고 형이상학적으로는 오행상 수기水氣에 해당된다. 음과 양의 물중지지상으로 보면 음수이나 양으로 변하여 양수陽水에 해당된다. 넓은 바다의 해수海水요, 항상 정지되어 있는 호수湖水이며, 정지수停止水라, 아주 짜고 진한 강수剛水요, 사수요, 횡류수요, 난류暖流이며, 마지막 여섯 번째인 육음지기六陰之氣로 음의 극에 이르러 이음의 극이 끝나면 다시 시생으로 되돌아 일양부터 시작되는 이치는 지구가 자전하여 일 년이란 세월이 지났음을 의미하는 것이다. 방위로는 서북간西北間에 해당되고 건괘乾卦이다.

계절季節로는 초겨울이고, 월은 10월이다. 10월 상달이라 겨울이 되어 다시 다음 연도의 봄을 맞이할 준비를 하였다가 이른 봄에 만물이 솟아나기를 준비했던 물 기운을 골고루 나누어 줌으로 새로운 시작을 준비한다 하여 10

월을 상달이라 하며, 이 달에 고사를 지내거나 기도를 하는 것이 이 때문이다.

인체로는 머리[頭]와 간肝에 해당되고, 성격은 지혜가 뛰어나고 인정이 많으며, 정에 약하고 식복食福이 많아 재산을 많이 모으고 살며, 변화무쌍變化無雙하고, 신앙심信仰心이 독실하다. 예지력叡智力이 매우 발달하여 꿈이나, 예측, 예언 등이 현실에 잘 맞을 때가 있다.

이상과 같이 지지의 성정에 대하여 논하였으니 가급적 암기하기 바란다.

알아둘 요점 사항

1) 천간과 지지의 구분을 명확히 파악하여 십간과 십이지지의 뜻을 분명히 알아둘 것.
2) 생년[太歲]을 세우는 법을 알아보자.
3) 생월生月은 조견표에 의해서도 알 수 있으나 간합干合의 오행을 생하는 양의 순서로도 알 수 있는 점을 구분하여 설명할 수 있도록 하자.
4) 생일은 만세력萬歲曆을 이용하여 찾는 것을 암기하자.
5) 생시生時의 간지도 월간과 같이 일간을 극하는 양의 순서로 찾는 법을 알아두자.
6) 태어난 날이 자정에서 새벽 사이에 태어난 아이의 날짜 간지를 어떻게 정해야 하는지 본문에서 완벽하게 알아두자.
7) 생월生月에서도 절기節氣로 달을 구분해야 한다는 것도 잊어서는 안 된다.
8) 천간天干의 성정性情에 대하여 형이상학적形而上學的과 형이하학적形而下學的으로 구분하여 확실하게 암기하기 바란다.
9) 지지는 십이지의 순서를 암기하고 띠별로 특성을 암기하기 바란다.

제**4**장

사주의 모든 살(煞)과 합(合)

01 형살(刑煞)의 네 가지 종류 · 77
02 형살(刑煞)의 특성 · 78
03 간합(干合) · 85
04 지지삼합(地支三合) · 89
05 지지합(地支合) · 90
06 지지방합(地支方合) · 91
07 공망(空亡) · 92
08 제살(諸煞) · 94

01 형살刑煞의 네 가지 종류

사주상에서 제살諸煞이란 적용 여부에 따라 너무나도 많다. 지금까지 출간된 서적에 의하면 약 370여 종의 제살이 있다. 저자는 지금까지의 실제로 사용한 제살을 살펴본 후 불필요한 제살을 모두 정리하여 사주학상에서 실제 응용할 때에 꼭 필요한 제살만을 설명하겠으니 참고하기 바란다.

특히 형살류刑煞類나 충살류冲煞類나 또는 해살류害煞類 등 어떠한 형태의 살이 형성되어도 모두가 십이지지 내에서 이루어진다.

예를 들면

　　子午卯酉

　　寅申巳亥

　　辰戌丑未

이 십이지지를 언제든지 사용할 수 있도록 암기하여 두자.

- 지세지형持勢之刑 : 寅-申　申-巳　寅-巳
- 무은지형無恩之刑 : 丑-未　丑-戌　戌-丑
- 무례지형無禮之刑 : 卯-子　子-卯
- 자　　형自　刑 : 子-子　辰-辰　午-午　酉-酉　亥-亥

02 형살刑煞의 특성

【2-1】형살刑煞

　형살류라 하면 살 중에서 제일 강한 살로 인정되고 있으나 모든 제살은 대부분 지지에 의해서 발생됨으로 자신의 타고난 운명에 따라서 차이가 있다. 즉 지지의 살류는 단편적인 판단으로 단식 판단이라고도 하나 사주의 운명적인 흐름에서 서로 상호작용으로 응용하여 판단할 시에 더욱더 정확성이 있다는 점을 알아야 할 것이다.
　그 특성별로 살펴보면

1) 지세지형 持勢之刑

　사주 속에 인사신寅巳申이 있는 사람은 대체적으로 성격 자체가 급하며 도전적이고 조급早急하며 저돌적이어서 때로는 자기 스스로 일을 좌절시키는 사태가 발생한다. 또한 사주를 세워 보면 십이운성법차후에 공부하게 됨이 있는데 이중 왕성한 장생?건록?제왕 등이 따르면 운이 더욱더 좋아지고 혈색도 좋으며 안색 또한 강용한 외형적인 면을 지니고 여성은 미인이 많다.

이와 반대로 쇠약항절이나 사나 쇠운이 따르면 성격은 남성다우나 비굴하든가 교활狡猾하여 큰 인물이 되지 못하는 것이 특징이다.

2) 무은지형 無恩之刑

사주 속에 축술미丑戌未가 있으면 성격이 대체적으로 냉랭한 분위기가 풍긴다. 본인의 생각과는 전혀 상반되게 가끔은 은인이나 자기를 돕는 자에게 배은망덕한 짓을 하게도 된다. 아니면 적과의 내통을 잘해서 비밀을 보장하기가 어렵다. 특히 십이운성에서 사나 절이 있으면 은혜를 원수로 갚는 일이 허다하며, 여성에게 이 형살이 있으면 임신 장애를 받는다.

3) 무례지형 無禮之刑

사주 속에 자묘子卯가 있으면 예절 면에서 타인에게 불쾌감을 주며 분위기가 냉정해 보인다. 특히 남의 말은 듣지 않으려고 하며 자기 주장을 내세워 상대방의 기분을 상하게 하는 것이 일쑤다. 이 형살과 더불어 십이운성에서 약한 절이나 사가 있으면 형제?자매 심지어는 부모까지 해치는 수가 있다.

여자는 남편으로부터 관재구설에 시달릴 수도 있으며 모자간에도 화목하지 못하다.

4) 자형살 自刑煞

사주 속의 지지에서 자진오유해子辰午酉亥가 같은 짝끼리 만나는 것을 자형살이라 하는데 이 자형살의 특징은 용두사미龍頭蛇尾격이다. 하고자 하는 일에 벌여놓기는 잘하는데 마무리를 잘하지 못한다. 그래서 이런 사람들은 대개가 공직자에 적합하며 규정에 짜여진 업무가 잘 어울린다. 그러나 이 형살 하나만으로는 전자에서 설명한 바와 같이 단편적이라는 점을 감안해야 한다. 응용편에서 세밀하게 설명할 것이다.

【2-2】 충살 沖煞

충살류는 전자에서 말한 십이지지의 자오묘유. 인신사해. 진술축미간에 서로 오행상 극하는 것으로 조합을 이루고 있다. 예를 들어 자오는 물과 불로서 서로가 극하고 있으나 반면 서로 없어서도 안 될 사이다.

충살의 종류에는 대략 여섯 가지가 있는데 각각의 위치에 따라 작용하는 영향이 다르다.

子-午   卯-酉   寅-申   巳-亥   辰-戌   丑-未

사주상에서 위와 같은 지지가 서로 충하면 다음과 같은 운명적 작용이 일어난다.

- 일주를 기준해서 월주 · 시주 · 연주의 순서대로 적응해서 일주에 子가 있고 월지에 午가 있으면 子午食이 되며 운명적 작용은 심신이 불안하고 어느 곳을 가도 마음이 놓이지 않으며 안절부절하는 경향이 있다.
- 일과 시가 서로 충이 되면 자식이나 처를 해롭게 한다.

-. 월에 자가 있고 연에 오가 있어 서로 충이 되면 고향을 일찍 등지고 객지 생활을 하며 조상이 물려준 옥토를 지키지 못한다.

-. 연지와 시지에 서로 충이 있고 십이운성에서 병이 동주하면 말년에 많은 질병이 따른다.

-. 지지가 서로 충살이 되어 있고 천간이 동일할 때는 항상 마음이 고달프며 노고가 많다.

-. 자와 오의 충은 항상 마음이 어디를 가나 불안한 감이 있다.

-. 묘와 유가 충하면 친한 사람에게 배신을 잘하고 남의 걱정을 도맡아 하듯이 걱정거리가 많다.

-. 사와 해의 상충은 불필요한 에너지를 낭비하듯이 남의 일에 도맡아 걱정을 한다.

-. 인과 신의 충살은 너무나 다정다감하여 자기가 손해를 보는 경향이 있다.

-. 진과 술이 일과 월에 충하면 과숙살이 되는데 이런 특성은 부부간에 이혼한다든가 아니면 과부가 될 수 있는 강한 살이다.

-. 축과 미의 상충은 자기가 계획한 일이 지체되는 경향이 있으므로 사전에 대비하여야 한다.

-. 특히 유일생닭날을 말함으로서 사주에 형충파살이 함께 있으면 술로 가정을 파하는 경향이 있다.

-. 여자가 형충파살이 있고 천간에 간합이 있으면 항상 고생살이가 심하다.

【2-3】 파살 破煞

파살이라 함은 주로 남녀가 결혼하여 생활하는 동안에 가정을 파한다든가 아니면 금전적으로 손해를 보아 가산이 파탄한다든가 하는 살로서 매우 강한 살이다. 이것 역시도 子·午·卯·酉·寅·申·巳·亥·辰·戌·丑·未에서 상호간에 이루어지나 아래와 같이 짝을 이룬다.

子-酉　卯-午　巳-申　寅-亥　丑-辰　戌-未

사주 중에 위와 같은 파살이 있으면 운명에 다음과 같은 작용을 한다.

- -. 일지와 월지가 파하면 처와 헤어질 암시가 크니 조심해야 한다.
- -. 일지와 연에 파살이 있으면 양친과 일찍 헤어지기 쉽다.
- -. 월지와 다른 지지간에 파살이 있으면 일신이나 직장, 가택 등에 이동이 심하다.
- -. 일지와 연월, 시가 어느 지지에 파살이 있으면 일신이 고립되고 처와 자식간의 인연이 약한 운이다.
- -. 일지와 시지를 파하면 자식과 인연이 없으며 말년에도 고달프다.

【2-4】 해살 害煞

해살은 자기 몸이나 타인의 몸을 해롭게 하기 때문에 해살이라 한다.

> 子-未 丑-午 寅-巳 卯-辰 申-亥 酉-戌

위와 같이 짝을 이루어 해살이 작용하고 있으나, 이 해살 중에 子와 未, 丑과 午는 원진살 怨嗔煞로 되어 있다.

원진살은 일반적으로 가족에게 해를 입히는 살을 말한다.

- 자기가 태어난 日支와 月支에 해살 害煞이 있으면 나로 인해 처가 몸이 쇠약 衰弱해지는 경향이 있다. 또 십이운성에서 쇠약한 병이나 絶, 死가 있으면 더욱더 아내에게 해롭다.
- 일과 시에 해살이 있으면 말년운으로 접어들면서 간질병이 따르고 십이운성에서 병이 동주하면 더욱 심하다.
- 사주에서 일주와 어느 지지에서라도 인과 사의 해살이 있으면 폐질환이 따를 수 있으며, 때로는 관절이나 수술 등으로 인해 불구가 될 수도 있다.
- 卯와 辰, 午와 丑의 해살 害煞은 십이운성에서 왕성한 운 長生·建祿·帝旺이 오면 좀더 좋아져야 하나 그와 무관하게 남에게 지기 싫어하는 성질이 있고 화를 잘 내며, 인내심도 부족하다. 그와 반대로 쇠약한 운 死·絶이 있으면 크고 작은 좋지 않은 일이 자주 발생한다.
- 특히 타지에 해살이 있으며 술시생은 언어 장애가 있을 수 있으며

얼굴에 흉터 등이 생길 수 있으니 조심하여야 한다.

아래의 일람표를 알아보기 쉽게 각각 해당하는 것끼리 살을 찾을 수 있도록 표를 제시하였으니 찾아서 활용하기 바란다.

| 刑 · 沖 · 破 · 害煞 및 六合, 三合 일람표 |

	子	丑	寅	卯	辰	巳	午	未	申	酉	戌	亥
子	自刑	合		刑			沖	害	三合	破		
丑	合				破	三合	害	刑.沖		三合	刑	
寅						刑.害	三合		刑.沖		三合	破
卯	刑					害		破	三合		沖		三合
辰	三合	破				害	刑		三合	合	沖	
巳		三合	刑.害						刑.沖	三合		沖
午	沖	害	三合	破			刑	合			三合	
未	害	刑.沖		三合			合				刑.破	三合
申	三合		刑.沖		三合	刑.破						害
酉	破	三合		沖	合	三合				刑	害	
戌		刑	三合	合	沖		三合	刑.破		害		
亥			合.破	三合		沖		三合	害			刑

03 간합干合

간합은 앞서 간간이 설명한 바가 있다. 천간지지 음과 양이 조합을 이루어 오행이 변화하고 본래 자기가 가지고 있는 성품 자체가 변한다.

천간 간합을 구분하여 보면 아래와 같다.

甲 乙 丙 丁 戊 己 庚 辛 壬 癸

- 甲己 = 土로 변화
- 乙庚 = 金으로 변화
- 丙辛 = 水로 변화
- 丁壬 = 木으로 변화
- 戊癸 = 火로 변화되었다.

변화된 내용별로 살펴보면 다음과 같다.

五行	干合
土 =	甲 - 己

정중지합中正之合이라 하며 마음이 넓어 타인과 다투지 아니 하고 세인의

존경을 받는다. 그러나 드물게는 의무를 지키지 않고 간사하고 교만한 사교에만 능하고 박정한 뜻을 가진 사람도 있다.

- **甲日生**: 己와 간합이 있으면 신의는 있으나 지능이 부족하다.
- **己日生**: 甲의 간합이 있는 때는 신의가 없고 음성이 탁하며 코가 낮은 경향이 있다.

五行	干合
金 =	乙 - 庚

인의지합仁義之合이라 하며 강직한 성질을 가지고 있으며 인의仁義가 두텁다.

- **乙일생**: 庚과 간합이 있으면 예의에 소홀하고 결단성이 약하다.
- **庚일생**: 乙과 간합이 있으면 자비심이 없으며 의로운 일만 과장하고 치아가 튼튼한 것이 특징이다.

五行	干合
水 =	丙 - 辛

위엄지합威嚴[威制]之合이라 하며 사람의 인품이나 용모에 위엄이 있으나 비굴한 경향이 있으며 강한 자에게는 약하고 약한 자에게는 강한 성격의 소유자이며 성질은 잔인하고 주색을 좋아한다.

- **丙일생** : 辛의 간합이 있으면 지혜는 남보다 뛰어나나 권모술수를 잘 쓰며 예의가 문란하다.
- **辛일생** : 丙의 간합이 있으면 큰 뜻을 품은 자가 거의 없는 반면에 몸집이 크나 생각은 좁다.

五行	干合
木 =	丁 - 壬

인수지합仁壽[淫亂]之合이라 하며 감정에 흐르기 쉽고 여색을 좋아하며 고결하지 못하다. 여자는 결혼을 늦게 하는 것이 특징이다 남자는 정력이 왕성한 것이 특징임.

- **丁일생** : 壬과 간합이 있으면 소심하고 질투심이 강하며 몸이 마르고 키가 큰 사람이 많다.
- **壬일생** : 丁과 간합이 있으면 성질이 비굴하고 화를 잘 내며 신의가 없는 반면에 키가 큰 사람이 많다.

五行	干合
火 =	戊 - 癸

무정지합無情之合이라 하며 용모는 아름다우나 성격 자체가 야박하고 남자는 정식 결혼하지 않은 자가 많으나 여자는 미남과 결혼하게 되는 것이 특징이다.

- **戊일생**: 癸의 간합이 있으면 총명하고 일견 다정한 듯하나 내심은 무정하며 얼굴이 홍조를 띤 붉은 편이다.
- **癸日생**: 戊와 干合이 되면 지능이 낮고 질투심이 많으며 하는 일은 시작은 좋으나 용두사미 龍頭蛇尾 격이다. 남자는 연상의 여자와 결혼하는 자가 많고 여자는 연령 차이가 많은 사람과 결혼하는 예가 많다.

04 지지삼합 地支三合

지지삼합이란 십이지지 중에서 세 개의 띠가 서로 합을 이루며 자기 고유의 오행을 만들어 낸다. 여기서 주의 깊이 새겨둘 사항은 각각의 천간지지에 있어서 오행의 성격을 지닌 것은 사람이 성씨姓氏를 부여받는 것과 같으나 이 세 개의 지지가 합하여 오행을 만들어 낸 것은 시냇물이 흘러서 강물이 되고 강물이 모여서 바다를 이루듯이 커다란 국을 이루기 때문에 오행에서도 국局을 붙여 木局·火局·土局·金局·水局으로 명칭을 정하고 오행 자체도 큰 뜻이 내포되어 있다는 것을 알아야 할 것이다. 즉 돼지띠와 토끼띠, 양띠가 모여서 삼합을 이루어 목국을 만든다는 것임.

木局 = 해묘미 亥卯未
火局 = 인오술 寅午戌
金局 = 사유축 巳酉丑
水局 = 신자진 申子辰

05 지지합地支合

십이지지에서도 서로가 둘씩 짝을 지어 서로 상생합이 있는가 하면 반면에 서로 극이 되는 극합도 있다. 여기에서도 오행의 변화를 살펴보아야 할 것이다.

[상합相合]

자축합子丑合
인해합寅亥合
묘술합卯戌合
진유합辰酉合
사신합巳申合
오미합午未合

生 合	剋 合
寅亥合 (木)	卯戌合 (火)
辰酉合 (金)	巳申合 (水)
午未合 (變不)	子丑合 (土)

06 지지방합 地支方合

지지방합이란, 동서남북을 포함하여 24방위를 만들어 보면 이들 중에서 정사방에 각각 방위의 특성特性이 정해져 있다. 예를 들면 동쪽은 木이요, 남쪽은 火요, 서쪽은 金이요, 북쪽은 水인데 동은 왜 木이 되는 것인가.

동쪽에는 네 개의 木이 있다. 즉 寅木·甲木·卯木·乙木의 네 개이다. 동서남북에는 사우방四隅方이라 하여 東北·東南·南西·西北방에 똑같이 네 개의 土[흙]를 분배하여 공평公平을 유지하도록 土가 하나씩 들어 있다.

그래서 寅목과 卯목과 辰토를 합하여 東方木이라 하며 계절로는 춘절春節이라 한다. 이하 동일함으로 생략한다.

> 寅卯辰合 (木局 − 東方春節)
> 巳午未合 (火局 − 南方夏節)
> 申酉戌合 (金局 − 西方秋節)
> 亥子丑合 (水局 − 北方冬節)

07 공망空亡

공망살空亡煞은 천간과 지지가 조합을 이루어 진행되면서 육십갑자를 엮어 나갈 때 천간 숫자가 열 개이며 지지수는 열두 개이다. 그래서 양과 양, 음과 음의 숫자를 맞추다 보면 두 개가 남는데 그것을 공망이라고 한다.

| 공망 조견표 |

甲子	乙丑	丙寅	丁卯	戊辰	己巳	庚午	辛未	壬申	癸酉	戌亥공망
甲戌	乙亥	丙子	丁丑	戊寅	己卯	庚辰	辛巳	壬午	癸未	申酉공망
甲申	乙酉	丙戌	丁亥	戊子	己丑	庚寅	辛卯	壬辰	癸巳	午未공망
甲午	乙未	丙申	丁酉	戊戌	己亥	庚子	辛丑	壬寅	癸卯	辰巳공망
甲辰	乙巳	丙午	丁未	戊申	己酉	庚戌	辛亥	壬子	癸丑	寅卯공망
甲寅	乙卯	丙辰	丁巳	戊午	己未	庚申	辛酉	壬戌	癸亥	子丑공망

이 공망은 사주의 일주를 중심으로 하여 월지나 연주?시주에 공망이 닿으면 空은 빌공 자와 같은 뜻으로 자기의 행세를 못한다는 뜻이다. 예를 들어 甲子일에 태어난 일주가 월에서 乙丑월이 태어난 달이라면 일의 子와 丑월

의 丑이 만나서 子丑空亡이 되는 것이다.

이하 여하에 따라서 사주의 어느 지지에 공망이 있느냐에 따라 운명의 작용이 많은 영향력을 받는다. 이를 살펴보면 다음과 같다.

- 一. 일지와 연지가 공망이 되면 매사에 힘들게 일은 하나 실적이 없이 바쁘기만 하고, 고생이 따른다.
- 一. 일지와 월지가 공망이 되면 형제들 간의 도움을 받지 못하며 배척을 당한다.
- 一. 일지와 시지가 공망이 되면 자식운이 없거나 자식이 있어도 덕이 없으며 도움이 안 된다.
- 一. 年支와 月支가 공망이 되면 처妻와 이별운이 있다.
- 一. 공망에 육합이 함께 들어도 작용을 하지 못한다.
- 一. 서로 食살이 겹쳐 있을 때 공망이 되면 흉살凶煞이 길살吉煞로 바뀌어 복으로 변한다예를 들어 子午와 丑未 상충이 있을 경우 子와 丑이 子丑 공망이 된 경우이다.

08 제살諸煞

제살諸煞은 전자에서도 언급한 바 있듯이 무수히 많다. 과거에는 약 370여 종의 제살을 가지고 적용하고 응용하였으므로 이 모든 살을 이용하면 매사가 꼼짝달싹 못하게 사람의 신변을 묶어 놓을 정도로 적용하는 살이 많았었다. 그러나 남녀노소를 막론하고 저마다의 소임을 다하기 위하여 바쁘게 움직이고 있는 현실을 살아가는 시대에서는 거리가 있다.

그래서 저자는 최소한으로 모든 제살을 극소화極小化하여 우리가 일상에서 꼭 운명에 적용되고 또한 피하지 못할 강한 살만 가려내어 해설을 덧붙였으니 참고하기 바란다.

우선 과거에는 어떠한 살들이 있었는지 자료 범위 안에서 나열할까 한다.

【8-1】 제살諸煞의 종류

01.건각살 : 02.계비관살 : 03.육수살 : 04.고란살 : 05.고신살 : 06.과숙살 : 07.관귀학관살 : 08.관부살 : 09.괴강살 : 10.교록살 : 11.국

인살 : 12.귀문관살 :   13.금쇄관살 :   14.금여살 :   15.급각살 :   16.낙정 관살 :   17.농아살 :   18.뇌공관살 :   19.단교관살 :   20.당부살 :   21.도 화살 :   22.나체도화살 :   23.유하살 :   24.맹인살 :   25.무예지형살 : 26.무은지형살 :   27.문곡귀인살 :   28.문창귀인살 :   29.배곡살 :   30.백 호대살 :   31.복성살 :   32.부벽살 :   33.비인살 :   34.상문살 :   35.상배 일살 :   36.생이별살 :   37.세합년살 :   38.소실살 :   39.수액살 :   40.수 옥살 :   41.순중공망살 :   42.심수살 :   43.암록살 :   44.야제관살 :   45. 양인살 :   46.양착살 :   47.역마살 :   48.오귀살 :   49.원진살 :   50.월덕 귀인살 :   51.음착살 :   52.익수살: 53.자결살 :   54.자형살 :   55.장명성살 :   56.재고살 :   57.절도살 :   58.절로공망살 :   59.절방살 :   60.정록살 : 61.조객살 :   62.지망살 :   63.지모살 :   64.지세지형살 :   65.지전살 : 66.진신살 :   67.천덕귀인살 :   68.천라성살 :   69.천랑살 :   70.천모살 : 71.천사성살 :   72.천옥살 :   73.천을귀인살 :   74.천의살 :   75.천재살 : 76.천전살 :   77.천주귀인살 :   78.천희신살 :   79.충살 :   80.탕화살 : 81.태극귀인살 :   82.태백살 :   83.파살 :   84.평두살 :   85.학당귀인살 : 86.해살 :   87.혈지살 :   88.홍란성살 :   89.홍염살 :   90.화상살 :   91.환 살 :   92.황은대사살 :   93.효신살 :   94.대패살 :   95.홍락살 :   96.도삽 도화살 :   97.태양년살 :   98.심수관살 :   99.편관칠살 :   100.도액살 : 101.금강살 :   102.팔문살 :   103.경문살 :   104.휴문살 :   105.사문살 : 106.진압살 :   107.백신불침살 :   108.영생정토살 등 아주 많은 살들이 있으나 사실상 다 사용하지 않는다.

다만 이 살들 중에서도 편관칠살이라든가 백호살白虎煞·겁살劫煞·괴강살魁罡煞 등은 큰 영향력을 가지고 있기 때문에 주의해야 할 것은 하고, 비켜

가야 할 것은 비켜가는 것이 순리일 것이다.

특히 이중 편관칠살偏官七煞은 여자에게는 아주 강한 살이라서 결혼을 일찍 하게 되면 남편과 사별死別운이 젊은 나이에 오기 때문에 반드시 가려야 할 것이다. 편관칠살이 사주에 있는 여자가 조혼早婚하였을 경우 삼사십 초반에 남편과 사별하고 혼자 사는 여성이 열 명 중 칠팔 명 이상으로 통계학상 나타나 있다. 편관칠살이란 추후 육신론六神論에서 자세하게 설명할 것이다.

【8-2】 십이신살十二神煞

우선 이상과 같은 살들이 많이 있는데 이중 중요한 십이신살十二神煞이 있다. 이 십이신살부터 하나하나 알아보기로 하자.

| 십이신살 조견표 | | | | |

십이신살 \ 생년생일	亥卯未 (木局)	寅午戌 (火局)	巳酉丑 (金局)	申子辰 (水局)
겁 살(劫 煞)	申	亥	寅	巳
재 살(災 煞)	酉	子	卯	午
천 살(天 煞)	戌	丑	辰	未
지 살(地 煞)	亥	寅	巳	申
연 살(年 煞)	子	卯	午	酉
월 살(月 煞)	丑	辰	未	戌
망신살(亡身煞)	寅	巳	申	亥
장성살(將星煞)	卯	午	酉	子
반안살(攀鞍煞)	辰	未	戌	丑
역마살(驛馬煞)	巳	申	亥	寅
육해살(六害煞)	午	酉	子	卯
화개살(華蓋煞)	未	戌	丑	辰

위의 조건표에서 어떻게 구성하여 신살神煞을 만드는가 하는 것이다.

> **신살의 구조법**
> ① 자기가 태어난 생년의 地支. 태어난 생일의 지지가 어느 날짜에 태어났는가를 확인한다.
> ② 삼합으로 되어 있는 각국별로 각각의 살에 해당하는 지지별로 맞춘다.
> ③ 삼합이 해묘미생이 신과 만나면 겁살이요. 유와 만나면 재살이요. 술과 만나면 천살이 된다.
> ④ 이하 모두 동일하다.
> ⑤ 단 십이 신살도 십이운성법과 마찬가지로 순서에 따라 돌리는 기신법이 있다. 활용하면 편리하게 사용할 수 있다.

■ 기신법 起神法

① 亥卯未年이나 생일이 亥卯未날 태어나면 겁살劫煞부터 시작하여 신申이 된다.

② 寅午戌年이나 생일이 寅午戌날 태어나면 겁살劫煞부터 시작하여 해亥가 된다.

③ 巳酉丑年이나 생일이 巳酉丑날 태어나면 겁살劫煞부터 시작하여 인寅이 된다.

④ 申子辰年이나 생일이 申子辰날 태어나면 겁살劫煞부터 시작하여 사巳가 된다.

이렇게 해서 순차적으로 돌리면 예를 들어 해묘미의 亥[돼지띠]와 申[원숭이띠]이 만나면 겁살이 되며, 중간에 있는 卯묘 토끼띠와 申이 만나도 겁살이 되고, 끝에 있는 未[양띠]와 申이 만나도 겁살이 된다는 뜻이다.

【8-3】 각살各煞의 작용

1) 겁살劫煞

겁살은 글자 그대로 내 재물을 겁탈해 간다는 뜻이며 재물이 신속하게 들어와도 빨리 빠져나가고 실물·도난·파산·재난·낭비 등에 해당되며 사업 면에서는 동업하게 되면 아니 하니만 못하다. 또한 겁살을 만나면 관재구설이나 송사 등이 연속해서 일어나게 되고, 사기나 부도를 당하게 되며 부부간도 불화로 인하여 이별수도 따르게 되니 각별한 유의가 따른다.

2) 재살災煞

재살은 일명 수옥살囚獄煞이라고도 하며, 이 살이 사주에 있거나 이 재살을 만나면 송사로 인한 일이 발생되고 길을 가다가 납치를 당한다든가 감금을 당한다든가 본인이 남을 피하여 숨어 버린다든가 해외 등으로 망명을 한다든가 하는 일들이 빈번하게 일어나며 특히 관재구설로 시비가 일게 되면 이러한 일들로 인하여 경찰서, 형무소 등을 출입하게 되는 아주 강한 살이다.

또한 직장이나 가정에서도 변동이 자주 일어나 심신이 안정되지 못한다. 그럼으로 매사에 정면 대립을 삼가하고 한걸음 뒤로 물러서서 다시 한번 생각한 연후에 대처하여야 한다. 산신 기도를 드리면 소멸한다는 문헌도 있다.

3) 천살天煞

천살이란 하늘에서 내려주는 벌이라 생각하면 된다. 겨울이면 한파로 인한 한해寒害, 냉해冷害가 있으며 여름이면 비나 낙뢰 등으로 인한 수해·풍해·

해일 또는 지진 등으로 인하여 사람으로서는 감당하기 힘든 천재로 재앙을 말하는 것이다.

다만 천살은 하늘에서 내려주는 살이라 평소에 천신에게 기도를 많이 하면 화가 복으로 변모하여 전화위복이 되기도 하는 살이니 천신께 기도하라는 말이 이런 뜻을 두고 하는 말이다.

4) 지살 地煞

지살은, 즉 땅에서 생기는 살로서 역마살과도 흡사하나 지살은 좁게 해석되며 역마살은 아주 폭넓은 해석이 필요하다. 이 살을 만나면 주로 땅에서 움직이는 차량이나 낙상·장애물·여행·객지 등으로 적용할 수 있으니 차량 이동 시 접촉 사고, 등산 시는 낙상 등을 조심해야 할 사항들이다.

한편 역마살로 보면 분주다사하게 움직이나 움직인 만큼의 이득이 적으며 남의 일로 매사가 바쁘다. 그러나 해외와는 인연이 깊어 해외생활이나 여행 등은 항시 이득을 주는 기쁨이 있고 길운에는 승진?명예?취업?문서에서 길조가 보이기도 한다.

5) 연살 年煞

이 연살은 일명 도화살 桃花煞 이라고도 하는데 또한 함지살 咸池煞 이라고도 한다. 이 살은 주로 풍류지객이라 하여 남녀가 모두 호색가로서 주색을 좋아하고 향락생활을 좋아하며, 사교성, 애교 등에서는 능하지만 때로는 도박으로 인한 망신 등이 발생한다.

이 운을 만나게 되면 심신이 산란하여 마음이 안정이 안 되며, 허영심과 향

락에 빠져들게 되므로 그로 인한 치정에 얽매이게 되니 불륜이나 관재구설을 조심하여야 한다.

6) 월살 月煞

월살은 일명 고초살 枯焦煞 이라고도 하는데 이는 뼈 속에 마디마디 파고드는 악살로 칭하고 있다. 즉 농가에서 고초일에 씨앗을 뿌리면 싹이 트지 않으며 닭이 알을 품어도 부화가 안 되는 악살이다.

그러하니 특히 결혼 등은 반드시 피해야 할 것이다.

7) 망신살 亡身煞

이 살은 글자 그대로 망신을 당하게 되는데 이것은 연주·월주·일주·시주로 하여 구분하되 연주는 조상이나 조부모로 인한 망신이며, 월주는 부모요, 일주는 본인이나 처로 인한 망신을 당하며, 시주는 자식으로 인한 망신을 당하게 된다.

또한 사주를 세워서 육신 六神 을 뽑았을 때에 인수는 부모요, 비견과 겁재는 형제요, 식신 상관은 자손이고, 재성은 처나 여자이며, 관성은 관청이나 남자로부터 망신을 당하게 되는 것을 예지할 수 있다. 여기서 육신 관계가 처음으로 설명되었으나 후에 자세하게 상술하겠다.

8) 장성살 將星煞

이 장성살은 자기의 개성이 강하고 용두사미격으로 처음이나 시작은 열성적이고 크고 거창한 포부로 임하여 대단한 것 같으나 곧 시들해져서 결과가 항상 미약하다. 그리고 문관이나 무관으로서 관직에 나가면 출세하게 되나 반면 사업을 하게 되면 많은 사람을 만나기를 싫어하며 사업가적인 소질을 발휘하지 못하여 곧 사업은 실패하게 된다. 그래서 이 장성살이 있는 사람은 주로 공직자가 제격인 것이다.

9) 반안살攀鞍煞

이 반안살은 높은 자리에 앉아 있는 것과 마찬가지로 사람이 말을 타고 가는 격이다. 사람이 말을 타면 세상에서 부러울 게 하나도 없는 것처럼 느껴지게 마련이어서 말에서 떨어지는 이치를 생각지 못하고 높은 위치에 있다 하여 아랫사람을 무시하거나 돈이 많은 부자라 하여 없는 사람을 업신여기면 본인도 추락하여 그런 처지를 당하게 되는 것이 바로 이 반안살이다.

그래서 안일할 때는 항상 불행한 때를 대비하여 몸과 마음을 조심하여야 하는 것이다.

10) 역마살驛馬煞

이 역마살은 앞에서 일부 거론되었지만 지살의 일종으로 본다. 그래서 육지나 항공이나 해로 등으로 여겨진다. 그래서 역마살이 있는 사람은 직업을 항해사, 항공사로 인해 해외생활을 하며 재물을 모으거나 사업을 하면 더욱 길하고 사주와 역마가 길성吉星이 있으면 좋은 결과를 얻게 되는데 역마살과 흉살凶煞이 함께 있으면 분주다사奔走多事하여도 이득이 별로 없으며 가정에서도 부부간에 불화수가 끊이지 않으며 이별 아니면 객지로 떠돌아다니는 사람이 대부분이다.

주로 역마살은 인신사해寅申巳亥로 서로 조합될 적에 성립이 되는데 寅木 과 巳火는 하늘의 비행기요. 亥水는 선박이요, 申金은 기차나 트럭으로 모두 가 물건을 실어 나르는 도구道具에 해당된다. 그러므로 해외나 타향지객이라 는 말이 나오며, 해외 관련 사업을 하면 성공한다는 법칙이 연상하게 된다후 에 거론됨.

11) 육해 六害煞

육해살이란 자기 몸을 해치는 질병이라든가 아니면 나로 인해 가족을 해친 다거나, 하여 골육상쟁에 연관이 있다. 이 운이 사주 속에 있거나 연운에서 이 운을 만나면 실직·득병·문서로 인한 사기를 당한다거나 상대방으로부터 시기와 모함을 당하는 일들이 발생하는 것이 특징이라 할 수 있다. 여자는 백 의종군하는 정신력이 필요하며, 남자는 사업에 실패하더라도 명예와 금전적 으로 재복구할 수 있는 힘이 강하나 정신적인 과민에 주의해야 한다.

12) 화개살 華蓋煞

이 화개살은 특히 신앙과 관련된 종교?예술?문학?스포츠 등의 예술적인 자 기 소질을 발휘할 수 있는 끼를 지니고 있다. 또한 성품도 총명하고 지혜도 뛰 어나 문장력이 뛰어나고, 한편으로는 낭만과 풍류도 좋아한다. 특히 화개살 이 있으면 불교 신자가 많다.

이상과 같이 조견표에 나와 있는 십이신살에 대하여 설명하였으나 여기에 서 덧붙여 설명할 것은 사주에서 단순히 사주 자체에 각 살들이 있거나 연운에서 만나서 조합을 이룰 적에만 설명되었 지 사주의 연월일시에 각각 위치하였을 때에는 어떤 작용을 하는가는 설명이 없었다.

다음과 같이 공통으로 설명하니 참조하여 숙지하기 바란다.

① 연지와 관련이 있으면 조상이나 조부모의 일로 인하여 판단하고,
② 월에 해당되면 부모님과 관련해서 해석하고,
③ 일에 해당되면 본인의 일에 관련하여 해석하고,
④ 시에 관련이 있으면 자식이나 자손으로 풀이하면 되는 것임을 명심하기 바란다.

【8-4】 일반적인 모든 살煞

1) 급각살急脚煞

이 살은 본인의 신체나 또는 신체로부터 어떤 인자가 전달되는 형체의 과정에서 일어날 수 있는 살이라 하겠다.

예를 들어 아이를 출산하였을 때라든가 아니면 자기 몸이 신체적인 장애를 받아 난쟁이, 언청이나 소아마비로서 고생을 하는 아주 강한 운이다. 더 심하게는 반신불수 · 수족마비 · 고혈압 · 풍진 · 저능아 등의 이상적인 흉살의 작용을 받게 되는 살이다.

| 급각살 조견표急脚煞 早見表 |

생월(生月)	1, 2, 3월 (寅,卯,辰)	4, 5, 6월 (巳,午,未)	7, 8, 9월 (申,酉,戌)	10, 11, 12월 (亥,子,丑)
地支	亥·子	卯·未	寅·戌	辰·丑

즉 태어난 달은 항상 일월이 寅월임으로 월지와 사주 내에 구성되어 있는 타지他支와의 대조對照 시 일월의 인목이 해와 자가 있으면 급각살이 되는 것이다.

2) 단교관살斷橋官煞

이 살은 본인의 신체나 또는 신체로부터 어떤 인자가 전달되는 형체의 과정에서 일어날 수 있는 살이라 하겠다.

예를 들어 아이를 출산하였을 때라든가 아니면 자기 몸이 신체적인 장애를 받아 난쟁이, 언청이나 소아마비로 고생하는 아주 강한 운이다. 더 심하게는 반신불수·수족마비·고혈압·풍진·저능아 등의 이상적인 흉살의 작용을 받게 되는 살이다. 내용이 급각살과 동일하게 적용되나 지지 적용 구성만 다르다.

| 단교관살 조견표 |

生月	寅(월)	卯(월)	辰(월)	巳(월)	午(월)	未(월)	申(월)	酉(월)	戌(월)	亥(월)	子(월)	丑(월)
地支	寅	卯	申	丑	戌	酉	辰	巳	午	未	亥	子

3) 귀문관살 鬼門關煞

귀문관살이란 성품이 영리하나 성격 자체가 까다롭다. 약간의 신경질적이며, 엉뚱한 면도 있다. 심하면 정신쇠약이나 정신박약, 간질환 등을 일으킬 수 있으며 때로는 잡귀와 연관될 때도 있다. 또한 같은 성씨끼리 혼인 전에 연애한다든가 하여 번민하기도 하며, 이유 없이 머리가 아플 때가 간간이 있으니 유의하기 바란다.

| 귀문관살 조견표 |

子酉	丑午	寅未	卯申	辰亥	巳戌

귀문관살의 구성은 자기가 태어난 날짜를 기준으로 하여 사주의 지지地支 중에서 연관되면 귀문관살이 된다.

예를 들어 일지와 연지가 귀문관살이 닿으면 선조 때문에 신경을 써야 하고 조상을 원망하게 되며 동성동본으로 고민하게 된다.

4) 백호대살 白虎大煞

백호대살은 아주 강한 살로서 사람이 횡사·급사·총상·수술·차사고·망신 등이 따르며, 피를 흘리는 흉한 살이다. 좀더 구궁법에 의한 백호라는 용어를 살펴보면 역경의 육수六獸 중에서 나온 것이다. 즉

  -. 갑목甲木은 청룡靑龍으로서 그 작용은 기쁘고 애사 등에 해당하며,
  -. 병화丙火는 주작朱雀으로서 구설口舌과 달변, 투쟁 등에 해당되고,

-. 무토戊土는 구진句陳으로서 비만 · 비대 · 구급 등에 해당하고,
-. 경금庚金은 백호白虎로서 횡액과 급변, 숙살 등에 해당하고,
-. 임수壬水는 현무玄武로서 도난, 실패 등과 그리고 비밀 등이 해당한다.

특히 이 다섯 종류의 수호신 중에서 백호는 금은 서쪽에 해당되고 계절로는 가을에 해당됨으로 가을은 칼이나 낮으로 곡식을 베어야 하고 베어진 곡식들은 햇볕에 바싹 말려서 물기를 제거해야 하는 숙살지권에 해당하므로 강한 살로 표현하는 것이다.

| 백호대살 |

| 戊辰 | 丁丑 | 丙戌 | 乙未 | 甲辰 | 癸丑 | 壬戌 |

즉 백호대살은 지지가 모두 토이기 때문에 추명하기가 매우 쉽다. 신생아가, 즉 갑진년에 태어났다면 이미 태어났을 적에 백호살이 들어 있다. 그리고 각종 살과의 유추하여 대응하여야 할 것이다.

5) 절로공망截路空亡

日柱	甲己日	乙庚日	丙辛日	丁壬日	戊癸日
地支	申酉空亡	午未空亡	辰巳空亡	寅卯空亡	子丑空亡

절로공망은 일주와 시지를 합하여 정하는데 두 가지의 길흉이 있다. 예를 들어 일주 甲木이 시지에 申이나 酉가 공망살이 되는데 이때에 천간에 따라

오는 두 가지 천간이라면 壬水와 癸水가 온다.

그러면 시지에 절로 공망살이 온다 할지라도 日柱 갑목을 시주 천간이 生하여 인성印星이 됨으로 흉살로 보지 않으며 길살吉煞로도 본다. 이 절로 공망살은 길을 가다가 납치, 구금을 당할 수가 있으며 특히 겨울에는 추위에 길에서 횡사할 수 있는 액운이 함께 따라다니니 조심하여야 한다. 또한 己土 일주에 時 천간에 임수나 계수가 있을 때 土克水로 극하여 불길하니 이런 살을 공망살이라고 한다.

6) 탕화살湯火煞

탕화살湯火煞은 인寅·오午·축丑이 사주 중에 있든지 아니면 연운에서 만나서 인오축 세 개가 성립이 되면 탕화살이라 하는데 이 살은 아주 강한 살로서 화재로 인한 위험이 도사리고 있으며 화재·가스 불·끓는 물·부탄가스·화상·감금·관재구설 등이 따르며 특히 해당되는 띠가 삼재 중일 때는 더욱 심하다. 조심할 사항으로는 신·성·불에게 기도하든지 아니면 매사 근신하여야 면할 수 있다.

7) 양인살羊刃煞

日干	甲	乙	丙	丁	戊	己	庚	辛	壬	癸
地支	卯	辰	午	未	午	未	酉	戌	子	丑

양인살羊刃煞을 살펴보면 정록살正祿煞의 바로 앞자리인데, 즉 양일주陽日柱의 비겁比劫이 양인살이다.

여기서 陰일주 乙日에 辰土, 丁己일에 未土, 辛일에 戌土, 癸일에 丑土는 양인살이 되지 않으며 단 丁未일이나. 己未일, 癸丑일과 같이 직접 丑未土가 닿으면 양인살에 해당되는 것이다. 또한 양일주의 비겁比劫이 양인살이 된다 하였으니 이는 지지에 있는 비겁만이 해당되는 것이 아니라 천간天干에 있는 비겁도 해당된다.

즉 무일주戊日柱의 午火 양인은 午火가 戊土를 生하고 있기 때문에 인수양인印綬羊刃이라 하며 午火 중 己土가 양인이 되기 때문이다. 그래서 未土나 丑土가 무일주에 양인살로 작용되고 있는 것이다.

이 양인살을 가진 자는 자연적으로 일주가 강왕하여짐으로써 신강이나 극신강 사주를 갖게 되는데 그래서 재성을 파기하기 때문에 처를 극하고 탈재·극부剋父·탈부奪夫 될 뿐만 아니라 형벌刑罰과 검인劍刃을 의미하고 있으므로 성격이 매우 강렬하고 매사에 있어서도 물러날 줄을 모르기 때문에 잔인하고 횡포한 사람이 될 수 있다. 뿐만 아니라 양인살이 주 중에 중첩되어 있으면 남의 집 고용살이나 어부가 되기도 한다. 그리고 사주가 중화가 잘 되어 있는 사주는 군인·경찰·무관 등에서 입신하여 명성을 떨치는 자도 있으며, 때로는 보기 드문 괴걸怪傑이나 열사烈士가 나올 수도 있다.

8) 괴강살魁罡煞

경진庚辰 · 임진壬辰 · 임술壬戌 · 무진戊辰 · 무술戊戌.

괴강살魁罡煞은 여러 사람들을 제압制壓하는 강한 살로서 성품이 총명하고 명석하며 엄하고 크게 부귀하는 살이다. 그러나 재앙을 만나면 급속히 빨리 추락하고 반대로 길운을 만나면 두 배, 세 배로 빨리 발복하기도 하는 좋은 살이다. 특히 얼굴이 아름다우며 여자는 얼굴이 희고 미인이 많다. 남자는 이 살 모두가 양으로 이루어져 있기 때문에 강함이 지나침으로 강건함을 주장하기 때문에 여자가 있는 것만 못하다.

그러나 한편 여자도 이 살이 있으면서 타살에 의하여 파탄이 되었다면 쓸데없는 고집으로 남편에게 적대가 심함으로 남편이 기댈 곳을 찾고자 첩을 두거나 무능하거나 가출, 납치 등이 따르며 독수공방에 시댁이 망하거나 본인이 일가를 부양하는 경향도 있다.

9) 낙정관살 落井關煞

日干	甲己	乙庚	丙辛	丁壬	戊癸
地支	巳	子	申	戌	卯

이 낙정관살은 甲일이나 己일에 태어난 사람이 巳火를 만난다든가 아니면 乙일이나 庚일에 출생한 사람이 子水를 만난다든가 하면 이 살에 해당되는데 글자 그대로 물에 빠진다는 흉살凶煞이다. 즉 우물이나, 강물·맨홀·인분통 등에 빠지게 되며 위층에서 아래층으로 떨어지거나 아니면 벼랑에서 떨어진다거나, 한다는 살이다.

만약 이 살이 중첩重疊되어 살의 국局을 이루면 익사지액溺死之厄이 되는 흉살이기도 하다. 즉 庚辰일, 庚辰시에 태어나면 자식이 수액지화水厄之禍가 따르니 조심하기 바란다.

10) 수액살 水厄煞

生月	인묘진寅卯辰	사오미巳午未	신유술申酉戌	해자축亥子丑
時支	寅	辰	酉	丑

이 살은 생월과 생시로 이루어져 있는데, 즉 寅卯辰월에는 寅시에 출생한 사람이 해당되고, 巳午未월에는 辰시에 태어난 사람이 해당되고, 申酉戌월에는 酉時에 태어난 사람이 해당되며 亥子丑월에는 丑시에 출생한 사람이 해당된다. 그러나 이 살은 낙정관살과는 달라 물에 의한 피해를 당해도 해일海溢이라든가 풍수해風水害로 전답田畓을 잃는다든가 장맛비의 급류急流에 떠내려간다든가 하여 죽든지 고비를 당하게 되는 큰 살을 말한다.

11) 효신살 梟神煞

該當日字	甲子	乙亥	丙寅	丁卯	戊午	己未
上 同 一	庚辰	庚戌	辛丑	辛未	壬申	癸酉

이 효신살은 일주에 인수가 닿은 일진으로서 육십갑자 중에 열두 개에 해당된다. 이 살이 있으면 특히 어머니와 인연이 없으며 아니면 처와 어머니가 화합하지 못하는 경향이 많다.

특히 효梟는 올빼미를 말하는데 올빼미는 어미새를 쪼아서 죽게 만드는 흉조로 옛날부터 여기고 있어 동방지불인지조東方之不仁之鳥라 불러왔다. 그래서 이 효신살이 있는 자는 그 집 안에 부엉이나 올빼미, 조류 같은 새 그림을 걸어두면 어머니의 신상에 불길한 점이 발생하여 꺼리는 편이다. 주의하여야 할 것이다.

12) 과숙살 寡宿煞

年支	寅卯辰	巳午未	申酉戌	亥子丑
地支	丑	辰	未	戌

이 과숙살이 사주 중에 있으면 남편을 잃는다 하여 상부살 喪夫煞이라고도 한다. 여자의 사주에서 이 상부살이 있으면 남편을 극하여 사별하고 독수공방 獨守空房하든가 생이별하게 되는 과숙살, 즉 과부가 된다는 살로 아주 강한 살이다.

살펴보면 연지를 기준하여 월지·일지·시지 순으로 각각 살펴보아서 이 살에 해당되면 초년·중년·장년·말년 등으로 구분하여 보면 되는데 특히 여자에게 이 살과 화개살 華蓋煞이 함께 있으면, 평생 동안 독수공방하든가 비구니가 되는 경우가 많다.

예를 들어 인묘진 寅卯辰생이 丑土가 닿으면 상부살이 되고, 사오미 巳午未생이 辰土를 만나면 상부살이 되고, 신유술 申酉戌생이 未土를 만나도 상부살이 되며, 해자축 亥子丑생이 戌土를 만나도 상부살이 된다.

13) 고신살 孤辰煞

年支	寅卯辰	巳午未	申酉戌	亥子丑
地支	巳	申	亥	寅

이 고신살孤辰煞은 상처살喪妻煞이라고도 한다. 이 살은 남자에게 해당되는 살인데 사주의 연지와 월지·일지·시지의 순으로 하여 이 살이 해당되면 처를 심히 못 살게 굴며 억압抑壓·구속拘束·멸시하여 괴롭히며 심지어는 처를 극하여 사별하고 홀아비로 사는 경향이 허다하다.

고로 이 살이 있는 자는 처에게 관대한 포용과 옹호해 주고 감싸주는 미덕을 길러야 한다. 또한 과숙살과 마찬가지로 인묘진년에 태어났으면 巳火가 고신살이고, 사오미년에 태어났으면 申金이 고신살이 되고, 신유술생이면 亥水가 고신살이 되며, 해자축생이면 寅木이 고신살이 된다.

이상과 같이 과숙살과 고신살이 구성되는 연유를 살펴보면 다음과 같다.

(1) 인묘진

방합方合으로 볼 때 목국木局으로서 목을 기준하여 보면 사중무토巳中戊土, 즉 재성이 왕성한 목에 의하여 파상되기 때문에 재성은 처인데 처를 극하니 상처살이 되는 것이다.

또한 상부살은 축토는 목이 관이 됨으로 관살이 되어 축중신금丑中辛金이 官을 치면 파상되어 상부살이 되는 것이다.

(2) 사오미

방합화국方合火局으로서 火를 기준으로 볼 때, 신중 경금申中庚金이면 재성 財星이 金인데 왕성한 화火에 의하여 파상되기 때문에 상처살이 된다.

또한 辰土는 火의 관고官庫로서 진중 계수辰中癸가 불에 의하여 증발蒸發되기 때문에 상부살이 된다.

(3) 신유술

방합 금국方合金局으로서 금을 기준하여 볼 때 해중 갑목亥中甲木은 재성이 되는데 이 왕성한 金에 의하여 벌목伐木이 되기 때문에 상처살이 되며, 未土는 金의 재고財庫이나 미중 정화未中丁火 관성官星이 많아 金에 의하여 화식火熄되기 때문에 상부살이 되는 것이다.

(4) 해자축

방합수국方合水局으로서 水를 기준하여 볼 때, 인중 병화寅中丙火로 병화가 재성인데 이 왕한 수에 의하여 화식되기 때문에 상처살이 되며, 술토戌土는 수의 관고官庫로서 술중 무토戌中戊土 관성이 많은 물에 의하여 흙이 씻겨 나감으로써 토류土流되기 때문에 상부살이 되는 것이다.

그러나 이 살은 연지를 기준하고 있기 때문에 적중률이 다소 떨어진다고 보며, 오히려 일간으로 하여 재고財庫를 상처살로 보며 관고官庫를 상부살로 보는 것이 더 정확하다. 또한 쉽게 판단할 때는 남자 사주는 비겁과다比劫過多와 재성 과다財星過多한 사주는 상처살로 보며, 여자 사주에는 식상 과다食傷過多한 사주를 상부살로 보며, 작용하는 경우도 있다.

14) 상문살喪門煞, 조객살弔客煞

年支	子	丑	寅	卯	辰	巳	午	未	申	酉	戌	亥
喪門	寅	卯	辰	巳	午	未	申	酉	戌	亥	子	丑
弔客	戌	亥	子	丑	寅	卯	辰	巳	午	未	申	酉

이 상문살과 조객살은 연지를 기준하여 앞 3년을 기준으로 子[쥐띠]일생 경우 寅年은 상문살이요. 후 삼년 子[쥐띠]일생 경우 뒤로 3년을 기준하여 戌年은 조객살이 되고 있다. 즉 쥐띠[子年生]가 사주의 지지에서 寅木이 있으면 상문살이요 戌土가 있으면 조객살이 되는 것이다.

그래서 이 운이 사주에서 연운과 닿으면 상문이나 조객살로 인하여 상운喪運을 만나거나 부모나 친인척 등으로 인해서 상복을 입을 운이 오는 것을 알 수 있는 것이다.

또한 아기가 태어났을 때도 낳은 후 일주일이 지나지도 않았는데 부모나 가까운 친인척이 상갓집에 다녀오면 방문하는 것을 꺼리는 것이다. 심하면 자식 실패子息失敗, 불구자손不具子孫 등이 있게 된다.

15) 생이별살生離別煞

| 甲寅 | 乙卯 | 乙未 | 丙午 | 戊辰 | 戊申 | 戊戌 | 己丑 | 庚申 | 辛酉 | 壬子 |

이 살은 일주에 직접 해당되는 살로서 이 날에 출생한 사람에게 해당된다. 남녀 부부간의 부부궁이 부실하여 이별·별거·사별 등의 살의 작용을 받게 되는데 특히 대운에서 같은 대운戊辰 일주인데 戊辰 대운을 만났을 때를 말함을 만나면 더욱 심하다고 한다. 그러나 일주 자체만을 가지고 대비하여 보면 미약한 면도 있다. 그러니 앞에서 배운 고신살과 과숙살을 함께 적용하여 응용하면 적중률이 더욱 좋아진다.

16) 맹인살 盲人煞

生月	寅卯辰月生	巳午未月生	申酉戌月生	亥子丑月生
生時	酉日酉時	辰日辰時	未日未時	亥日亥時

이 맹인살은 월령月令을 기준으로 하여 일지와 시지를 합하여 성립이 된다. 즉 寅月에, 癸酉日에, 辛酉時일 경우 맹인살이 되는 것이다.

이 살이 있으면 안질眼疾로 인하여 고생하든가 아니면 눈을 다치거나 또는 질병으로 인하여 눈을 수술한다든가 할 적에 잘못하면 앞을 못 보게 하는 살이다.

또한 이 살에 관계 없이 木 일주가 사주 중에 화기火氣가 많은 사주, 水 일주가 주중에 火局이 태왕太旺한 사주, 土 일주가 주중에 水木이 태왕한 사주는 특히 눈에 자주 이상이 찾아오게 된다.

17) 농아살 聾兒煞

生年	寅午戌生	申子辰生	亥卯未生	巳酉丑生
生時	卯時	酉時	子時	午時

인오술寅午戌년에 태어난 사람이 묘시에 출생하고 신자진申子辰년에 출생한 사람이 유시에 출생하였거나, 해묘미亥卯未년에 태어난 사람이 자시에 출생하였거나, 사유축巳酉丑년에 태어난 사람이 오시에 태어나면 귓병이 발생하든가 심하면 귀머거리가 되기도 한다.

18) 고란살 孤鸞煞

| 甲寅日 | 乙巳日 | 丁巳日 | 戊申日 | 辛亥日 |

고란살은 태어난 날[日柱]에 국한되며 여자 사주에만 해당된다.

이 살이 있으면 남편이 첩을 거느리거나 이별을 하거나 신음, 약물 중독 등으로 인하여 해를 입게 되고 또한 결혼에 실패하게 되면 재가하지 않고 혼자 살겠다는 각오가 서 있는 것이 특징이다. 이 고란살의 구성은 일지가 배우자[아내] 자리이기 때문에, 즉 배우자의 자리에 비겁 또는 식상이 있어서 작용하는데 비겁은 탈부요, 관성의 절지로서 남편이 의지할 곳이 없고 식상 등 관남편을 극함으로 남편이 파상되기 때문이다.

또한 사주 중에 관살이 잘 배열되어 사주가 중화를 이루면 이 살과 관계 없이 부부 해로하며 출세하여 화목하게 된다.

원래 난조鸞鳥는 잉꼬·기러기·원앙새와 같이 부부의 금실이 좋기로 이름난 새를 말하기 때문에 관성이 사주에 있으면 매우 좋은 사주로 볼 수 있다.

19) 오귀살 五鬼煞

生年	亥卯未生	寅午戌生	巳酉丑生	申子辰生
地支	子丑	卯辰	午未	酉戌

이 살은 삼합생년三合生年을 기준하여 보는데 가령 巳酉丑생이 사주 중에서 午未를 만나면 이 살이 해당되게 된다. 이 살을 가지고 있는 자는 일생 동안 살아가면서 많은 풍파를 겪고 우환이나 질고가 따르며 관재구설과 손재수

가 따르며 심하면 독수공방하게 된다.

20) 홍염살紅艷煞

日干	甲	丙	丁	戊	庚	庚	辛	壬
地支	午	寅	未	辰	申	戌	酉	子

이 살은 일간을 기준으로 하여 사주 중의 지지를 대비하여 보는데 일지에 있는 것이 제일 큰 작용을 받고 연지나 월지, 시지에 있는 것은 미치는 영향이 경미하므로 판단 시에는 참고로 할 것이다.

특히 이 살이 있으면 다정한 면은 있으나 술과 여자를 좋아하고 풍류지객이며 낭만적이다. 또한 남자는 작첩作妾을 좋아하고 여자는 남편을 두고도 다른 남자와 놀아나며 심지어는 정부와 달아나는 경우도 있다.

21) 부벽살釜劈煞

子午卯酉月生	寅申巳亥月生	辰戌丑未月生
巳	酉	丑

이 부벽살은 子午卯酉월생, 즉 11월·5월·2월·8월에 태어난 사람이 사주 중에서 巳火를 만나고, 寅申巳亥月 생1월·7월·4월·10월에 태어난 사람이 酉金을 만나고, 辰戌丑未생3월·9월·12월·6월에 태어난 사람이 사주 중에서 丑土를 만나면 이 살이 성립되는데 이 살은 재산을 손해 보게 하거나 낭비하거나 분쟁·시비 등으로 고생하는 특성을 갖고 있다.

이유인즉 子午卯酉는 일월명日月明이라 하며 사왕지국四旺之局이요, 寅申巳亥는 사생지국四生之局이요, 辰戌丑未는 사고지국四庫之局으로 이와 같이 놓고 볼 때 첫 자子는 생하고, 둘째 자午는 일어나며, 셋째 자卯는 왕旺해서 흥興하고, 넷째 자酉는 고庫로 끝이 되는데 둘째 자 기준으로 볼 때 일어나려고 하는 곳에서 겁재劫財가 성립되므로 방해를 받고 있는 것이다.

이 원리를 좀더 상세히 설명하자면 사왕지국이나 사생지국 또한 사고지국은 풍수지리에서 수법을 따질 적에 사대국법에서 이를 포태법胞胎法으로 좌선左旋, 우선右旋을 돌려 보면 子午卯酉는 항상 왕旺이 닿을 적에 寅申巳亥는 장생長生으로 생이 되며 辰戌丑未는 고庫 또는 묘墓나 장葬이라고도 함가 된다는 뜻을 덧붙여 말한 것이다.

22) 천전살天轉煞

태어난 달	寅卯辰 (1, 2, 3월)	巳午未 (4, 5, 6월)	申酉戌 (7, 8, 9월)	亥子丑 (10, 11, 12월)
태어난 날(日辰)	乙卯일	丙午일	辛酉일	壬子일

이 천전살은 인묘진월에 을묘일생, 사오미월에 병오일생, 신유술월에 신유일생 해자축월에 임자일생으로 구성되어 있으며 이와 같이 사주가 구성되어 있는 사람은 주거가 불안하여 일정한 직업이 없이 사방으로 떠돌아다니고, 자연의 방해를 받아 되는 일이 없는 흉살이다.

23) 지전살 地轉煞

태어난 달	寅卯辰月	巳午未月	申酉戌月	亥子丑月
태어난 날	辛卯	戊午	癸酉	丙子

이 지전살은 천전살과 마찬가지로 태어난 달이 오월이라면 戊午日에 태어난 사주로 구성되어 있다면 성립이 되는데 이 살은 사사건건 정확성이 없이 혼미昏迷하고 조상의 묘지를 자주 옮기게 되거나 파묘 등으로 낭비를 하게 되고 특히 삼재三災가 들어 있을 적에는 실패가 따라 많은 재산낭비나 직업의 변화가 심한 것이 특징이다.

24) 도화살 桃花煞

태어난 날 地支	寅午戌	巳酉丑	申子辰	亥卯未
地支	卯	午	酉	子

이 도화살은 일명 함지咸池, 패신살敗神煞 살이라고도 하며, 원칙적으로는 일지를 기준하여 정하나 때로는 연지와 타주他柱와의 구성으로도 보는 사례가 있다. 또한 이 도화살은 남녀불문하고 풍류를 좋아하며 호색지객好色之客이다.

도화살이 있는 남자는 마음 속에 자기가 이루지 못한 한恨이 서려 있듯이 원한을 품고 강개지심慷慨之心을 품고 살아가며 여자는 풍류를 좋아하여 패가할 수가 있다. 특히 십이운성에서 왕성한 운이 해당되면 용모가 아름답다. 그러나 일지와 시지에 모두 도화살이 있으면 주색으로 패가한다. 반면 약한

死, 絶 등의 운이 동주同柱하면 교활狡猾하며 배은망덕背恩忘德하기가 쉬운 자라 조심이 따른다.

25) 원진살怨嗔煞

怨嗔煞	丑午	子未	辰亥	巳戌	申卯	寅酉

이 원진살은 주 중柱中의 어느 지지에 있든 관계 없이 서로 연관되어 구성되면 원진 역할을 하게 되는데 이 살의 특징을 살펴보면 상대방이나 아니면 부부간에 또한 이유 없이 남을 미워하는 경향이 있다. 그러나 남을 이유 없이 미워한다든가 하면 자기에게로 죄업罪業이 다시 돌아온다는 살이다. 그러니 쓸데없이 남을 미워한다든가 하는 것이 얼마나 나 자신에게 큰 죄악罪惡이 된다는 사실을 알아야 할 것이다.

그리고 이 원진살은 부부간에 궁합을 볼 적에도 적용이 되는데 상대방의 띠와 맞추어 보는 것을 쉽게 말해서 겉궁합이라고 하며 자기의 태어난 날짜와 상대방이 태어난 날짜와의 지지를 서로 합하여 이 원진살이 되면 평생을 살아가면서 풍파를 많이 겪어야 하고 심지어는 부부이별까지 하는 나쁜 살이므로 궁합을 볼 때에는 반드시 따져 보아야 할 것이다.

```
子未 = (鼠忌羊頭角)      丑午 = (牛噲馬不耕)
寅酉 = (虎噲鷄觜短)      卯申 = (兎怨猴不平)
辰亥 = (龍嫌猪面黑)      巳戌 = (巳驚犬吠聲)
```

이와 같이 자주 사용되고 정확성과 적중률이 높은 살 중에서도 흉살을 모아 나열하여 설명하였으니 사주를 추명推命할 적에 적절하게 사용하기 바란다.

【8-5】 길신류吉神類

길신류라 하는 것은 나를 도와주고 나에게 귀인이 되어 귀하게 하여 주는 신神이다. 그러나 길신류가 있다고 하여 어디까지나 모든 것이 다 길신일 수가 없다.

왜냐하면 사주 전체에서 미치는 영향이 길신이 도와주는 영향력보다 클 경우에는 길신이 생극을 당해서 파괴되기 때문이다. 길신류가 너무 많은 것도 병이 될 수 있다는 점을 참조하여 추명하기 바란다.

1) 정록살正祿煞

日干	甲	乙	丙戊	丁己	庚	辛	壬	癸
正祿煞	寅	卯	巳	午	申	酉	亥	子

정록의 구성은 갑록甲祿은 재인在寅이니 갑甲의 녹은 인寅에 있고, 을록乙祿은 재묘在卯이니 을乙의 녹은 卯에 있다. 병무록丙戊祿은 재사在巳하니 丙火와 戊土의 祿은 巳火에 있다. 정기록丁己祿 재오在午하니 정화와 己土의 祿은 午에 있으며, 경록庚祿은 재신在申이니 庚金의 祿은 申金에 있다. 신금辛金은 재유在酉이니 신금의 녹은 酉金에 있다. 임록壬祿은 재해在亥이니 임

수의 祿은 해수가 되며, 계록재자癸祿在子하니 계수의 녹은 子水에 있다는 말이다.

즉 이 말은 무슨 뜻인고 하니

첫째는 지지 암장에서 천간天干이 같은 오행에 있으며,

둘째는 십이운성에서는 관궁冠宮에 위치하며,

셋째는 육친으로 따지면 비견比肩이 되니, 자기의 위치를 찾아서 뿌리[根]를 단단하게 하였기 때문에 정正자를 붙여 정록이라 한 것이며, 한편으로는 같은 오행의 동기를 만나 힘을 얻어 혈기가 왕성하여 국가에 봉사하고 노력함으로써 그에 대한 대가로 국가에서 녹祿을 받게 되니 이름하여 국록國祿을 먹게 되었다 하여 녹祿자를 붙여 준 것이다.

고로 정록살이 있는 자는 정직하고 타의 모범이 되며, 신체도 건강하여 국가 공직에서 봉사하게 되고 식복과 재물복은 많으나 정록 자체가 일주 또는 타주와 비견이 되니 고집이 세어 부부궁이 부실한 점이 있다. 여기서 알아둘 점은 진술축미辰戌丑未는 사우방四隅方에 자리 잡고 있기 때문에 고庫가 되며 잡雜이라고도 하여 제외되었고 丙戊와 丁己가 공존함으로 巳와 午火에 녹이 되고 있는 것은 포태법胞胎法에서와 같이 火土가 공존하기 때문이다.

정록이 월에 있으면 건록健祿이며, 시에 있으면 귀록貴祿이라 하고, 천간에 있는 간이 지지에서 자기의 정록을 만나면 녹근祿根하였다 하여 충살沖煞이나 형살刑煞을 만나 오행이 변화하게 되면 길살吉煞이 반감半減이 된다. 고로 정록이 월이나 연에 있으면 부모, 조상의 덕이 있고 사회적으로도 윗사람의 도움을 받아 출세를 하며 일지나 시지에 있게 되면 처자의 덕이 있어 말년에 행복하게 살 수 있는 아주 좋은 살이다.

2) 암록살暗祿煞

日干	甲日	乙日	丙戊日	丁己日	庚日	辛日	壬日	癸日
暗綠煞	亥	戌	申	午	巳	辰	寅	丑

이 암록살은 정록과 육합이 되는 글자字가 해당된다. 甲의 정록은 寅인데 亥와는 六合이 된다. 또 乙木의 정록은 卯木인데 戌과는 卯戌六合이 되기 때문에 암록살은 정록과 六合이 된다는 것을 알면 된다.

특히 이 암록살은 남모르는 복록이 따라다니며 돈이 수중에서 떨어지지 않으며 비록 돈이 없다 하더라도 어느 누군가가 나타나 즉시 도와주는 운으로 즉 화를 복으로 바꿔 주게 되는 아주 길살이다.

3) 천을귀인天乙貴人

日干	甲	戊	庚	乙	己	丙	丁	壬	癸	辛
貴人煞	丑未			子申		亥酉		巳卯		午寅

이 귀인살은 인덕이 있고 귀인의 도움을 받을 수가 있어 하늘이 스스로 복을 준다 하여 천을귀인살이라 부르며 특성으로는 이 살을 가진 자는 위기에 처하면 귀인이 나타나 위기를 모면하여 주고 화를 복으로 변화시켜 주는 아주 좋은 길살이다. 그러나 사주에서 타주他柱에 의해 형·충·파·해살을 당하면 길살이 감소된다는 사실을 감안하여 추명하기 바란다.

또한 천간에서 간합이 되거나 귀인살이 합이 되면 널리 사회의 신용과 신망을 얻어 출세가 빠르고 한평생 형벌을 받지 아니 한다. 괴강살과도 함께 있으면 성격도 활발하고 경우에도 밝으며 여러 사람의 존경을 받는다. 특징으로는 십이운성에서 건록이 있으면 글씨를 잘 쓴다.

4) 천덕귀인天德貴人 및 월덕귀인月德貴人

(1) 천덕귀인살

月支	寅	卯	辰	巳	午	未	申	酉	戌	亥	子	丑
天德	丁	申	壬	辛	亥	甲	癸	寅	丙	乙	巳	庚

(2) 월덕귀인살

月支	寅	午	戌	亥	卯	未	申	子	辰	巳	酉	丑
月德	丙			甲			壬			庚		

　이 천덕과 월덕은 자기가 태어난 달로서 정월[寅月]이라 함에 태어났다면 천간의 정은 천덕이요, 병은 월덕으로 구성되는 것이다. 위의 조건표와 같이 적용하여 사용하기 바라며, 천, 월덕이 사주 중에 있으면 길한 사주는 더욱 길해지고 흉한 사주는 감해준다. 그러나 이 길살도 형살이나, 파살에 파극이 되면 길조가 사라진다.

　특히 일주나 시주에 이 천, 월덕이 형·충·파·해가 되지 않으면 한평생 형벌이나 도난을 당하지 않으며 여자는 이 이덕二德을 구비하면 성질이 온순하고 정조가 있고 한평생 노고가 적으며 산액을 받지 않는 것이 사주의 특징이다.

5) 장성살將星煞 및 화개살華蓋煞

日 支	寅	午	戌	申	子	辰	巳	酉	丑	亥	卯	未
將星煞		午			子			酉			卯	
華蓋煞			戌			辰			丑			未

이 장성살 및 화개살이 있으면 다음과 같은 변통성의 운명이 작용한다.

- 장성살이 사주에 있으면 공직자로 문관이나 무관에 올라 출세를 하는데 일반적으로 장성살과 육친에서 편관살과 양인살이 동주하면 살생지권을 쥐고 권력을 휘두르며 재성과 동주하면 국가의 재정을 관장하기도 하며 출세한다.
- 화개살이 있으면 문장이나 예술에 소질이 있고 지혜가 뛰어나다.
- 화개살과 인수가 동주同柱하면 대학자나 교수가 된다. 그러나 화개가 공망을 만나면 총명하기는 하나 출세하기 힘든다 십이신살에서도 거론되었으니 참고하기 바란다.

6) 역마살驛馬煞

日 支	寅	午	戌	申	子	辰	巳	酉	丑	亥	卯	未
驛馬煞		申			寅			亥			巳	

이 역마살은 일지를 중심으로 해서 판단하나 연지를 참고로 한다. 역마살은 다음과 같은 작용을 한다.

-. 사주 중에서 길신이 역마와 해당되면 비약 발전하며 매사가 순조롭게 움직여 준다.
-. 이와 반대로 흉신凶神이 역마와 해당되면 풍파를 만나고 이득이 없이 바쁘기만 하다.
-. 역마가 충되면 길할 적에는 더욱 길하고 흉할 적에는 더욱 흉하다.
-. 역마살이 합이 되면 매사가 더디게 됨으로 사업 계획을 변경해야 한다.
-. 일주에 역마가 해당하면 항상 바쁘다.
-. 역마가 공망이 되면 주거가 안정이 안 되며 심신이 불안하다.
-. 역마가 정재와 동주하면 현량한 처를 얻는다.
-. 역마가 사주에 한 개 또는 두 개가 있으면 역마가편驛馬加片은 해외생활海外生活이라 하여 해외에 나가 살아도 좋으며 해외 관련 사업에서 무역이나 중개업을 하면 매우 길하다. 예를 들면 申子辰月生이 寅年이면 역마驛馬인데, 보통 말을 타는 데에는 말의 안장이 필요하다. 그러므로 신자진생은 삼합하여 수국인데 수水는 신申에 생이 되며, 인은 십이운성에서 병病이 되어 말에 안장이 없는 격이라 전진하여 나갈 수가 없다. 그런 고로 사람 각자의 운에 역마가 닿으면 막힘이 있다는 것이고. 인오술寅午戌에 신申이 또 역마가 되니 이와 같이 이하는 동일하게 따지면 된다.

7) 문창성 文昌星

日 干	甲	乙	丙	丁	戊	己	庚	辛	壬	癸
文昌星	巳	午	申	酉	申	酉	亥	子	寅	卯

이 살이 있으면 머리가 총명하고 지혜가 뛰어나며 문장력이 좋고, 공부 또한 잘한다. 특히 소년 시절부터 학문에 심취하게 하는 길신으로서 가정에서 예의바르며 가정교육이 좋아 예능 · 집필 · 화가 · 서예 등에 소질이 있다. 그러나 이 길신도 공망이 되면 길조는 감소된다.

8) 문곡귀인 文曲貴人

日 干	甲	乙	丙	丁	戊	己	庚	辛	壬	癸
文曲星	亥	子	寅	卯	寅	卯	師	午	申	酉

이 문곡성은 육친으로는 인수에 해당되며 학업에 탁월하고 암기력이 좋으며 학문에 정진하며 파고들어 문장력도 뛰어나 깊이가 있어 글을 읽을수록 진맛이 난다.

특히 학문과 인연이 있어 평생을 학문에 전념하며 산다.

9) 관귀학 官貴學館

日 干	甲乙	丙丁	戊己	庚辛	壬癸
地 支	巳	申	亥	寅	寅

이 관귀학관은 일주를 기준으로 관성, 즉 정관, 편관의 장생궁이 되고 이어서 사회생활이나 직장에서 승진 등이 빠르고 시험운 등이 좋은 길성吉星이다.

10) 황은대사 皇恩大赦

生 月	寅	卯	辰	巳	午	未	申	酉	戌	亥	子	丑
地 支	戌	丑	亥	巳	酉	卯	子	午	亥	辰	申	未

이 황은대사는 태어난 달을 기준으로 해서 각각의 지지와 서로 성립하여 보는데, 즉 寅月생은 견술見戌이라 하여 본인의 실수로 어떠한 중죄를 범해도 곧 사면이 되는 길살이지만 용신운이나 일간에 생이 들어오는 시기가 더욱 좋다.

11) 태극귀인 太極貴人

日 干	甲乙	丙丁	戊己	庚辛	壬癸
年 支	子午	酉寅	辰戌丑未	寅卯	巳申

이 태극귀인은 일간을 기준으로 하여 연지와 대조하여 성립 시, 즉 일간이 壬日이면 巳, 申이 태극귀인이 된다. 이 귀인살은 본인이 생각지도 않은 곳에서 횡재나 복이 들어오고, 사회적으로 남들보다 빨리 장長이 되어 부하직원을 많이 거느리고 출세도 빠르다.

12) 천희신 天喜神

生 月	寅	卯	辰	巳	午	未	申	酉	戌	亥	子	丑
地 支	未	午	巳	辰	卯	寅	丑	子	亥	戌	酉	申

이 살은 월지로 기준하여 사주 중 전 지지를 대립하여 보는데 예를 들어 正月생[寅月]이 주 중에서 미토를 만나면 천희신天喜神이 되는데 이 천희신살은 흉살을 길살로 변모하여 사주에 일조를 더하게 된다. 다만 일주가 기신忌神이면 길살이 될 수가 없다.

13) 홍란성 紅鸞星

生 月	寅	卯	辰	巳	午	未	申	酉	戌	亥	子	丑
地 支	丑	子	亥	戌	酉	申	未	午	巳	辰	卯	寅

이 홍란성은 1월생[寅月生]은 丑土를 맞이하여야 하며, 二월생[卯月生]은 子를 맞이하여야 성립되는 살이다. 이 살이 주 중에 있으면 모든 재액災厄이 감면되고 좋은 일이 연속된다. 그러나 이 살도 刑·冲·破·害를 당하면 길신이 될 수 없다.

이상과 같이 모든 제살에서 흉살과 길살로 구분하여 사주 감정에 필요한 살들만 골라 설명하였으니 내 것이 되도록 소화하여야 할 것이다. 다만 사사로운 살들은 모두 제외하였으니 더 필요하면 각자가 찾아서 숙지熟知하기 바라며, 특히 일주에 해당하는 편관칠살七煞이나 편재살偏財煞 등은 육신편에서 논하겠으니 참조하기 바란다.

제 5 장

육신론(六神論)

01 육신(六神)이란 · 133

02 육신(六神)을 만드는 법 · 135

03 지지암장법(地支暗藏法) · 144

04 월령분야도(月令分野圖) · 151

05 십신(十神)의 특성별 해설 · 153

01 육신六神이란

육신이란 나를 기준하여 아버지·어머니·형제·자식·아내 등으로 구분하여 이를 좀더 구체화하여 열[十] 가지 기준을 분류分類하여 모아진 데이터를 통계학적統計學的으로 정리하여 학술적 근거에 입각한 자료를 가지고 음양 오행陰陽五行의 변화에 따라 달라지는 용어를 하나하나 만들어 열 개를 구분하였다.

이 구분된 용어에 이름을 붙여 나[我]를 생生하여 주는 것을 인수印綬로 이름을 붙인 것을 신神이라고 하는데 이 열 가지 모두를 십신十神이라고 하며, 지금까지 배운 내용들은 이 십신을 응용할 때 밑거름 자료가 될 수 있는 필수 내용들로서 아주 기초적이면서도 없어서는 안 될 내용들을 배운 것이다. 그러나 지금 이 육신편은 사주 중에서 없어서는 안 될 만큼의 중추적 역할을 할 수 있고 이 육신으로 대운과 행운[歲運]을 지난 일과 앞을 예측할 수 있는 판단 자료가 될 수 있는 것이 이 육신임으로 아주 중요함을 다시 한번 강조할 수밖에 없는 것이다.

이 육신을 설명하기에 앞서 사주 구성을 살펴보면 연주年柱·월주月柱·일주日柱·시주時柱로 구분되는데 첫째, 연주는 본인의 일평생을 대표하는 위치에 있는 것으로서 나의 어렸을 때의 시절과 조부모에 해당하며 내가 살아가며 대인 관계라든가 사회생활의 어른이 되는 것이다.

둘째, 월주는 나의 중년기, 즉 성장기를 의미하는데 이때는 주로 학업에 전념할 때며 형제·자매·동료들로도 구분되며 월주는 아버지와 어머니를 의미하고 월지는 아내를 의미하는 뜻을 가지고 있다.

셋째, 일지는 나를 중심으로 하는 제일 중요한 중심선으로서 타주와 대립하여 모두 대립하여 육신을 뽑아내며 일지는 나와 동행할 아내의 자리로서 결혼 및 배우자 자식으로도 구분된다.

넷째, 시주는 주로 자식과 노년기를 의미하며 운명과 재운으로 볼 수 있고 자식의 효행이나 불효, 학업성적으로 볼 수 있다.

02 육신六神을 만드는 법

이 육신에는 겁재·비견·상관·식신·정재·편재·정관·편관·인수·편인으로 구분하여 열 가지의 신을 만들 수 있다. 그러나 천간과 지지를 대립하여 음과 양이 바뀌는 것에 따라 겁재가 되고 비견이 되는 것이다. 십신十神을 일부 서적에서는 통변성通變星이라고도 부르니 참고하기 바란다.

✚ 십신十神 통변성通變星

一. **비견**比肩 : 일간과 오행이 동일하고 음양이 같은 것.

一. **겁재**劫財 : 일간과 오행이 동일하나 음양이 다른 것.

一. **식신**食神 : 오행상 일간이 생하는 것으로 음양이 같은 것.

一. **상관**傷官 : 일간이 생하는 것으로 음양이 다른 것.

一. **편재**偏財 : 오행상 일간이 극하는 것으로 음양이 같은 것.

一. **정재**正財 : 일간이 극하는 것으로 음양이 다른 것.

一. **편관**偏官 : 오행상 일간을 극하는 것으로 음양이 동일한 것.

一. **정관**正官 : 일간을 극하는 것으로 음양이 다른 것.

一. **편인**偏印 : 오행상 일간을 생하는 것으로 음양이 동일한 것.
一. **인수**印綬 : 일간을 생하는 것으로 음양이 다른 것.

이상 열 개의 항목을 암기하여 두면 즉각 육신六神을 알 수 있다. 즉 천간에는 열 개의 甲乙丙丁戊己庚辛壬癸의 천간이 있으나 지지地支는 열두 개의 子丑寅卯辰巳午未申酉戌亥가 이미 정해져 있다. 이것을 내가 태어난 일주의 간干을 가지고 타주他柱의 천간과 지지에 대립시키면 오행이 각 오행의 상생 여하와 음양의 차이에 따라서 십신十神이 결정되는 것이다.

예를 들어 갑자일에 태어난 사주는 일간이 갑이므로 타주의 천간지지에서 갑과 을이 만나면 겁재가 되고 갑을 만나면 비견이 되고 일지의 자를 만나면 인수가 되는 것이다. 후편에 자세히 설명하였으니 그림과 조견표를 보고 확실하게 알아두기 바란다.

| 오행과 육신법 |

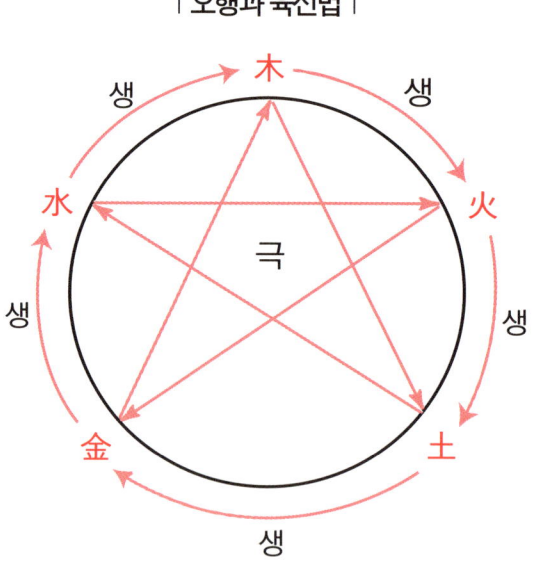

즉 오행의 상생 상극相生相剋을 구성한 도표圖表인데 木은 火를 生하고, 火는 土를 生하고, 土는 金을 生하고, 金은 水을 生하고, 水는 木을 生하는 이치인데 오행의 종류를 살펴보면 아래와 같다.

木 생 火 생 土 생 金 생 水 인데

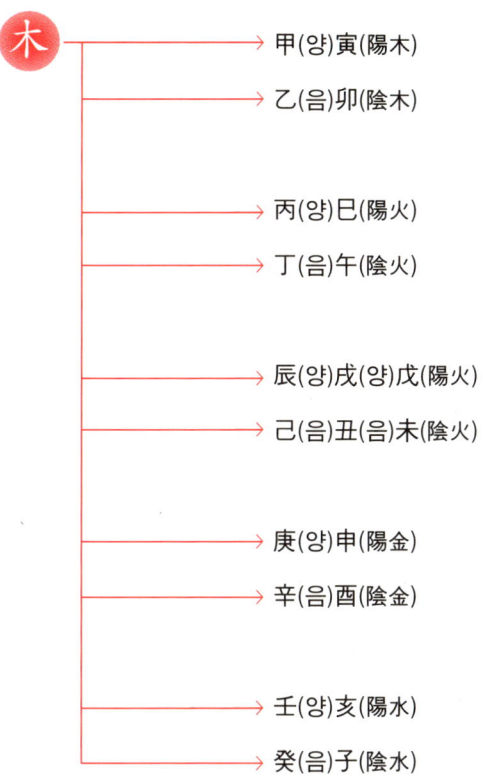

(응용 방법 : 138쪽 참고)

이상과 같이 木의 변화과정을 알아보았다.

예를 보면 오행의 종류별로 구분하여 해설하였으니 참고하기 바란다.

즉, 나와 오행이 같으면 比肩·劫財요,
　내가 오행을 生하면 食神·傷官이요,
　내가 오행을 剋하면 偏財·正財요,
　오행이 나를 剋하면 偏官·正官이요,
　오행이 나를 生하면 偏印·印綬가 되는 것이다.

이상과 같이 木·火·土·金·水도 유추類推하면 되는 것이다.

예 木甲, 乙의 경우

　甲木은 甲木과 寅木陽木을 만나면 比肩이 되고,
　甲木이 乙木과 卯木陽木을 만나면 劫財가 된다.
　甲木이 丙火와 巳火陽火를 만나면 食神이 되고,
　甲木이 丁火와 午火陽火를 만나면 傷官이 된다.
　甲木이 辰土, 戊土, 술토陽土를 만나면 偏財가 되고,
　甲木이 丑土, 己土, 未토陽土를 만나면 正財가 된다.
　甲木이 庚金, 申金陽金을 만나면 偏官이 되고,
　甲木이 辛金, 酉金陽金를 만나면 正官이 된다.
　甲木이 壬水, 亥水陽水를 만나면 偏印이 되고,
　甲木이 癸水, 子水陽水를 만나면 印綬가 된다.

乙木도 이와 마찬가지로 陰과 陽만 바꿔가며 적용하면 된다.

예 **火丙, 丁의 경우**

丙火가 丙火, 巳火 陽火를 만나면 比肩이 되고,
丙火가 丁火, 午火 陽火를 만나면 劫財가 된다.
丙火가 辰土, 戌土, 戊土 陽土를 만나면 食神이 되고,
丙火가 丑土, 己土, 未土 陽土를 만나면 傷官이 된다.
丙火가 庚金, 申金 陽金을 만나면 偏財이 되고,
丙火가 辛金, 酉金 陽金을 만나면 正財가 된다.
丙火가 壬水, 亥水 陽水를 만나면 偏官이 되고,
丙火가 癸水, 子水 陽水를 만나면 正官이 된다.
丙火가 甲木, 寅木 陽木을 만나면 偏印이 되고,
丙火가 乙木, 卯木 陽木을 만나면 印綬가 된다.

丁火도 이와 마찬가지로 음과 양만 바꿔가며 적용하면 된다.

예 **土戊, 己의 경우**

戊土가 戊土, 辰土, 戌土 陽土를 만나면 比肩이 되고,
戊土가 己土, 丑土, 未土 陽土를 만나면 劫財가 된다.
戊土가 庚金, 申金 陽金을 만나면 食神이 되고,
戊土가 辛金, 酉金 陽金을 만나면 傷官이 된다.
戊土가 壬水, 亥水 陽水를 만나면 偏財가 되고,
戊土가 癸水, 子水 陽水를 만나면 正財가 된다.
戊土가 甲木, 寅木 陽木을 만나면 偏官이 되고,

戊土가 乙木, 卯木 陽木을 만나면 正官이 된다.
戊土가 丙火, 巳火 陽火를 만나면 偏印이 되고,
戊土가 丁火, 午火 陽火를 만나면 印綬가 된다.

己土도 이와 마찬가지로 음과 양만 바꿔가며 적용하면 된다.

예 金庚, 辛의 경우

庚金이 庚金, 申金 陽金을 만나면 比肩이 되고,
庚金이 辛金, 酉金 陽金을 만나면 劫財가 된다.
庚金이 壬水, 亥水 陽水를 만나면 食神이 되고,
庚金이 癸水, 子水 陽水를 만나면 傷官이 된다.
庚金이 甲木, 寅木 陽木을 만나면 偏財가 되고,
庚金이 乙木, 卯木 陽木을 만나면 正財가 된다.
庚金이 丙火, 巳火 陽火를 만나면 偏官이 되고,
庚金이 丁火, 午火 陽火를 만나면 正官이 된다.
庚金이 戊土, 辰土.戌土 陽土를 만나면 偏印이 되고,
庚金이 己土, 丑土.未土 陽土를 만나면 印綬가 된다.

辛金도 이와 마찬가지로 음과 양만 바꿔가며 적용하면 된다.

예 水壬, 癸의 경우

壬水가 壬水, 亥水 陽水를 만나면 比肩이 되고,

壬水가 癸水, 子水 陽水를 만나면 劫財가 된다.
壬水가 甲木, 寅木 陽木을 만나면 食神이 되고,
壬水가 乙木, 卯木 陽木을 만나면 傷官이 된다.
壬水가 丙火, 巳火 陽火를 만나면 偏財가 되고,
壬水가 丁火, 午火 陽火를 만나면 正財가 된다.
壬水가 戊土, 辰土, 戌土 陽土를 만나면 偏官이 되고,
壬水가 己土, 丑土, 未土 陽土를 만나면 正官이 된다.
壬水가 庚金, 申金 陽金을 만나면 偏寅이 되고,
壬水가 辛金, 酉金 陽金을 만나면 印綬가 된다.

癸水도 이와 마찬가지로 음과 양만 바꿔가며 적용하면 된다.

주의할 점은 子水와 午火는 陽水, 陽火이고, 亥水와 巳火는 陰水, 陰火에 속하나 절기로 따지면 서로가 양과 음이 바뀐다는 사실이다. 그러므로 이 육신을 따질 때만 반드시 양과 음을 바꿔서 육신을 만들어야 한다는 점을 잊으면 안 된다.

즉 壬水가 子水를 만나면 比肩이 되는데 子水가 음으로 변하여 劫財가 된다는 것이다.

子水 陽水 ⟵⟶ 陰水로 변함
午火 陽火 ⟵⟶ 陰火로 변함
亥水 陰水 ⟵⟶ 陽水로 변함
巳火 陰火 ⟵⟶ 陽火로 변함

| 육신조견표 六神早見表, 天干 對 天干 |

	比肩	劫財	食神	傷官	偏財	正財	偏官	正官	偏印	印綬
甲	甲	乙	丙	丁	戊	己	庚	辛	壬	癸
乙	乙	甲	丁	丙	己	戊	辛	庚	癸	壬
丙	丙	丁	戊	己	庚	辛	壬	癸	甲	乙
丁	丁	丙	己	戊	辛	庚	癸	壬	乙	甲
戊	戊	己	庚	辛	壬	癸	甲	乙	丙	丁
己	己	戊	辛	庚	癸	壬	乙	甲	丁	丙
庚	庚	辛	壬	癸	甲	乙	丙	丁	戊	己
辛	辛	庚	癸	壬	乙	甲	丁	丙	己	戊
壬	壬	癸	甲	乙	丙	丁	戊	己	庚	辛
癸	癸	壬	乙	甲	丁	丙	己	戊	辛	庚

| 육신조견표 六神早見表, 天干 對 地支 |

	比肩	劫財	食神	傷官	偏財	正財	偏官	正官	偏印	印綬
甲	寅	卯	巳	午	辰戌	丑未	申	酉	亥	子
乙	卯	寅	午	巳	丑未	辰戌	酉	申	子	亥
丙	巳	午	辰戌	丑未	申	酉	亥	子	寅	卯
丁	午	巳	丑未	辰戌	酉	申	子	亥	卯	寅
戊辰	戌丑	未	申	酉	亥	子	寅	卯	巳	午
己丑	未辰	戌	酉	申	子	亥	卯	寅	午	巳
庚	申	酉	亥	子	寅	卯	巳	午	辰戌	丑未
辛	酉	申	子	亥	卯	寅	午	巳	丑未	辰戌
壬	亥	子	寅	卯	巳	午	辰戌	丑未	申	酉
癸	子	亥	卯	寅	午	巳	丑未	辰戌	酉	申

이상과 같이 육신 만드는 법을 오행상생五行相生에서부터 시작하여 육신 조건표에 이르기까지 독자가 아주 쉽게 반복하여 설명하였으니 암기에 더욱 신경을 써야 할 것이다.

그러면 앞서 언급되었던 子水·亥水·巳火·午火가 왜 변화해서 육신이 바뀌게 되며 육신의 천간 대 지지天干對地支가 육신법에 의해서 만들어졌지만 이 지지들은 천간의 성정性情이 남아 있어 천간의 성격 자체가 일부 지지에 남아 있음으로 일부 변화가 있다는 점이다.

그래서 이 천간에 기가 지지에 숨어서 암장暗藏되어 있는 것을 지지 암장법暗藏法이라 하는 것이다. 그러면 지지 암장법을 알아보기로 한다.

03 지지암장법 地支暗藏法

| 暗장도표 暗藏圖表 |

地支	子	丑	寅	卯	辰	巳	午	未	申	酉	戌	亥
藏干		己	甲		戊	戊	丁	己	庚		戊	壬
藏干	癸	辛	丙	乙	乙	庚	己	丁		辛	丁	
藏干		癸			癸	丙		乙	壬		辛	甲

　이 지지암장이란 위의 도표에서 보는 바와 같이 자수子水의 기본 성정性情은 자수는 계수癸水가 성씨姓氏의 근본이 된다는 것이다. 그러니까 자수는 어디를 가나 계수가 아버지격이 되니 그 아버지의 그 자식이 되는 것처럼 아버지의 성격이나 성품 등이 자식에게도 남아 있다는 것이다.

　지지地支는 각기 성질에 따라 천간을 감추고 있는데 이것을 이름하여 암장천간暗藏天干이라 한다. 즉 지지 子·丑·寅·卯·辰·巳·午·未·申·酉·戌·亥로 이것은 외형적인 체體가 되는 것이다. 응용하는 데 있어서도 합合이니 충冲이니 형刑이니 하는 것을 찾는 데는 한계가 있기 때문이다. 또한 이 체體와 용用으로 구분되지만 장간은 용이 되어 독자적으로 작용함에 있어 양陽인지, 음陰인지, 습濕한지, 냉冷한지, 또는 온난溫暖한 것인지 그리고 강强하고 약弱한 것인지를 정학하게 구분하는 데 암장暗藏이 필요하다. 즉, 천간은 남자요, 지지는 여자라 할 수 있다. 그래서 남자는 잉태孕胎할 수 없듯이 천간은 암장이 없는 것이며, 여자는 잉태하여 아들과 딸을 낳을 뿐만 아니라 계속해서 낳을 수 있듯이 지지에 따라서는 숨겨져 있는 장간藏干이 한 개 숨겨진 것부터 두 개, 세 개까지 숨겨져 있다. 또한 때에 따라서는 감춰진 장간에 의해서 전혀 다른 기氣로 변화하여 응용應用되기도 하니 각별히 새겨두기 바란다.

　장간이라 하는 것은 그 용어 자체가 말해 주듯이 모든 인간사의 비밀을 내사하는 데 적용되고 있으니 철저히 연구하고 알아두어야 할 것이며, 가령 사주상의 오행도 오행으로서의 자기 소임을 다하겠지만 암장으로 숨어 있는 오행도 자기 소임을 충실히 다하고 있다는 것도 알아야 하며, 만약 여자의 사주에 있는 오행, 즉 육신六神이 남자에 해당한다면 이는 정상적인 남편으로 보는 것이며, 암장에 숨어 있는 오행이 편관偏官에 해당되거나 오행상 남자인 경우라면 정부情夫로 보는 것이다. 이하 여자도 마찬가지가 되는 것이다.

　그리고, 용신론用神論에서 거론되겠지만 사주상에서 용신用神이 없을 경우 지지地支 암장暗藏에 숨어 있는 것도 쓸 수 있게 되는 것이다.

　즉 암장도표를 살펴보면, 子水는 癸水가 장간藏干이 되며, 丑土에는 己土·辛金·癸水가 되며, 寅木에는 甲木과 丙火가 있고, 卯木에는 乙木이 있으며, 辰土에는 戊土·乙木·癸水가 되고, 巳火에는 戊土, 庚金, 丙火가 되며, 午火에는 丁火·己土가 되고, 未土에는 己土·丁火·乙木이 있으며, 申金에는 庚金, 壬水가 되고, 酉金에는 辛金이 되고, 戌土에는 戊土·

丁火・辛金이 되고 亥水에는 壬水와 甲木이 본기本氣가 되는 것이다.

지지地支를 암장暗藏별로 그 성정性情을 살펴보면 다음과 같다.

1) 자수子水

자수子水 중에는 계수癸水가 있음으로 계수는 적은 물로서 이슬비, 적은 비[雨露]로 샘물처럼 솟아나는 천수泉水가 되며, 조그마한 개울물[川水]이 되며, 항상 멈추지 않고 흐르는 유수流水와 같다. 또한 음수陰水가 되어 아주 약한 물이다. 11월에 속한 물로 동절기의 물로서 겨울물이 되어 차가운 한랭지수 寒冷之水가 된다.

2) 축토丑土

축토 중에는 己土가 본기本氣가 되며 겨울의 흙이라서 동토라고도 하며 음양에는 음토陰土에 속하고 癸水와 辛金이 있어 수분水分과 철분鐵分을 함유한 土로서 곡식을 거둘 수 없는 겨울 흙이 되는 것이다.

3) 인목寅木

인목寅木의 본기本氣는 갑목甲木이라 단단한 강목剛木이 되며, 양목陽木이요. 동량지목棟樑之木으로 대들보 같은 굵은 나무이며 사목死木이 된다. 정월이라 아주 이른 봄이라고 하지만 봄이 시작되는 달이라서 여리다는 표현도 할 수 있다. 또한 寅木 中에는 丙火도 기가 있어 나무를 건조해 주기 때문에 조목燥木이 되어서 불에 잘 타는 화염목火焰木이 된다.

4) 묘목卯木

묘목의 본기는 乙木에 있으나, 음목陰木이요 초근지목草根之木이라 싹을 틔어 키울 수 있는 나무가 되고, 그리고 2월 나무에는 봄의 새 기운에 새싹이 솟아나듯 물이 오르기 때문에 습목濕木이라 하여 살아 있는 나무이며 풍화작용風化作用을 할 수 있어 풍이라고도 한다.

5) 진토辰土

진토는 무토戊土가 본기가 되며 양토이며 황산벌黃山伐 같은 넓은 평야를 의미하여 황야의 흙이 되고 계수가 있어 습토가 되며 진월은 3월로 봄의 흙이라 습토로 온화한 가색지토稼穡之土로 농사에 좋은 흙이 되며 을목乙木이 있어 엽목지토葉木之土라 한다.

6) 사화巳火

사화는 丙火가 본기가 되며 음월陰月이나 양화陽火요. 강렬지화强烈之火이며 용광로같이 쇠를 녹일 수 있는 태양太陽 같은 불이다.

7) 오화午火

오화는 丁火가 본기가 되며 오월午月은 양월陽月이나 음월陰月로서 등불과 같은 불燈燭之火로서 아주 작은 불이므로 오화는 껍낼 것이 없다.

8) 미토 未土

미토 중에는 기토己土가 본기가 되며 음토陰土이고 연약한 흙으로 보기 쉬우나 한여름의 삼복지염三伏之炎의 더위에 달구어져 있으며 화생토火生土로 태양과 생을 이루고 있어 더욱더 열기가 있는 흙인데다 정화丁火마저 숨어 있어 메마른 조토燥土가 될 뿐만 아니라 왕토旺土가 되고 있는 것이다. 그러니 여름 동안 달구어진 흙을 손으로 만지면 손에 화상火傷을 입을 수 있는 뜨거운 흙으로 볼 수 있다.

9) 신금 申金

신금에는 경금庚金이 본기가 되며 양금陽金으로서 무쇠와 같은 철鐵이 되는 것이니 이는 칼이나 무기를 만들 수 있는 강한 금이다.

10) 유금 酉金

유금은 辛금이 본기가 되며 음금陰金이요. 비철금속非鐵金屬에 해당되나 8월의 金이라서 왕성한 金이 된다. 그러니 금은 주옥과 같은 예쁘고 아름다운 보석과 같은 금이다. 그래서 여자 사주에 월열이 유금이며, 일주에 괴강살(魁罡煞)이 있으면 미인이 된다.

11) 술토 戌土

술토 중에는 戌土가 본기가 되며 양토陽土요 왕토旺土가 되며 둑과 같은 제방 역할을 하여 커다란 흙이 되나 丁火가 숨어 있어 메마른 조토燥土가 된다.

12) 해수亥水

해수 중에는 壬水가 본기가 되며 임수는 양수陽水이며 정지수停止水다. 한편 해수海水이며 호수의 큰 물이다. 또한 해수에는 甲木이 있어 차가운 물을 온화하게 하여 줌으로 온류溫流가 되는데 이유인즉 甲木의 성질에는 따스함이 있다.

다시 한번 정리를 하여 보면 子水 중의 癸水나 丑土 중의 己土, 寅木 중의 甲木, 卯木 중의 乙木, 辰土 중의 戊土, 巳火 중의 丙火, 午火 중의 丁火, 未土 중의 己土, 申金 중의 庚金, 酉金 중의 辛金, 戌土 중의 戊土, 亥水 중의 壬水가 각 지지의 대표 본기로 사용되니 정확히 알아두어야 한다.

여기서 앞으로 주의하여야 할 점은 자수子水와 오화午火 子·寅·辰·午·申·戌로 양陽에 속해 있으나 실제로 응용應用 면에서는 음陰으로 사용된다는 점이다. 이유인즉 子水의 장간藏干 본기는 癸水로서 음이며, 오화의 장간 본기도 丁火로서 음陰이 되고 있기 때문이다. 사화巳火와 해수亥水도 丑·亥·酉·未·巳·卯로 음陰에 속한다. 그러나 응용 면에서는 양으로 사용하게 되며 그 이유인즉 巳火의 장간 본기는 丙火이고, 亥水의 本己도 壬水에 있기 때문이다.

다시 살펴보면 子水와 午火는 외양내음外陽內陰이라, 겉은 양이고 속은 음이 되고 있음이다. 巳火와 亥水는 외음내양外陰內陽이 되어 겉으로는 음이나 속으로는 양이 되고 있는 것이다. 여기서 암장暗藏된 천간을 살펴보면 子午卯酉는 동서남북으로 정사방을 의미하여 장간이 하나밖에 없으며[午火와 己

土는 공존共存함으로 하나로 봄] 寅·申·巳·亥는 사우간방四隅間方으로 장간이 둘씩 있으며 巳火와 戌土는 火土 공존으로 하나로 봄 辰·戌·丑·未는 장간이 셋씩 있는 것이다.

그리고 암장暗藏을 살펴보면 양이면 양, 음이면 음으로 통일되어 있으나 진토辰土나 술토戌土는 음양이 함께 있어 잡기雜氣라고 부르는데 축토丑土와 미토未土는 같은 음토陰土이나 함께 이름하여 잡기라 부른다.

그런 고로 장간이 하나[一位]뿐인 것을 천天이라 하고 장간이 둘[二位]인 것은 지地라 하며 장간이 셋[三位]이 있는 것을 인人이라 하여 천·지·인天地人 삼재三才가 되는 것이다.

04 월령분야도 月令分野圖

地支	子	丑	寅	卯	辰	巳	午	未	申	酉	戌	亥
餘氣	壬. 十日	癸. 九日	戊. 七日	甲. 十日	乙. 九日	戊. 五日	丙. 十日	丁. 九日	戊. 七日	庚. 十日	辛. 九日	戊. 七日
中氣		辛. 三日	丙. 七日		癸. 三日	庚. 九日	己. 九日	乙. 三日	壬. 七日		丁. 三日	甲. 七日
正氣	癸.二 十日	己.十 八日	甲.十 六日	乙.二 十日	戊.十 八日	丙.十 六日	丁.十 日	己.十 八日	庚.十 六日	辛.二 十日	戊.十 八日	壬.十 六日

    이 월령月令 분야는 여기餘氣·중기中氣·정기正氣로 나누어지는데 여기서 이해를 잘해야 혼동하지 않는다. 즉 절기節氣는 지支의 기를 절기節氣상으로 볼 때, 절기는 이미 다음 절기로 바뀌었는데 지지의 기, 즉 오행이 남아 있는 성분이랄까 하는 성향性向이 남아 있는 것을 절기상으로 구분하여 한 달을 삼십 일로 구분하고, 위의 도표에서 제시한 바와 같이 지지地支 속에 암장되어 있는 천간이 절기節氣 중 날짜에 따라 달라지고 있는데 이를 여기餘氣·중기中氣·정기正氣로 구분하여 작용하는 것이다.

다시 말하면 여기·중기·정기로 구분하여 사용하는 경우 월령, 즉 월주의 지지에 한해서만 적용한다는 것이다.

좀더 자세히 설명하면 입춘立春이 들어오고 일주일一週日 이내에 출생하였다면 입춘은 절기節氣를 지지로 표현할 때 인목寅木이 분명하여 장간 본기本氣인 갑목甲木을 사용하여야 하나, 입춘이 들어온 후 7일까지는 소한小寒의 절기인 축월丑月인 丑土의 기운이 남아 있어서 여기라 하며 인월寅月 중에 무토戊土가 7일 동안이나 더 머물게 된다는 것이다.

그리고 인목寅木은 본래의 성정性情이 양목陽木이라 본기本氣는 甲木이라서 갑목이 정기正氣가 되니 정기로서 16일간을 장악掌握하고 여기餘氣인 戊土와 정기인 甲木 중간에 병화丙火를 넣어 木生火·火生土로 서로 소통疏通시키는 것이다. 그래서 寅木의 여기는 7일이 되며, 중기도 7일이고 甲木은 절입기간節入期間 전체를 장악하고 있어서 16일이 정기가 되는 것이다.

여기서 예를 들어 며칠[日] 몇 분分까지도 나타내고 있으나 실제로 사용할 시에는 분은 별로 필요를 느끼지 않음으로 게재하지 않았다.

05 십신十神의 특성별 해설

1) 비견比肩의 특성特性

- 사주의 천간지지天干地支가 비견比肩이면 집안을 관장하게 되며 양자養子를 가거나 부친과 인연이 박하다.
- 공망空亡이 되면 부친과 인연이 없고 형제간에도 불화로 함께 살지 못한다.
- 비견, 겁재가 동주하면 형제, 부부간 구설이 따르며 친척, 타인 등으로 손해를 보며 부친과도 일찍 사별하는 경우가 많다.
- 비견, 겁재가 동주하면 결혼이 늦는 경향이 있다.
- 연간年干에 비견이 있으면 손위 형님, 누님이 있고 양자로 갈 수 있는 팔자이다.
- 월간에 비견이 있으면 형제 자매가 있다.
- 월지에 비견이 있고 관살이 없으면 성격이 다소 난폭하다.
- 시지에 비견이 있으면 자기의 상속자가 양자일 수가 있다.
- 비견이 墓·死·목욕과 동주同柱하면 형제가 일찍 사별하는 경향이

있다 여자에게만 해당.

-. 비견이 과다하면 색정으로 인한 번뇌가 있어 가정불화가 있다.

-. 비견, 겁재가 동주하면 부부가 화목하지 못하다.

-. 비견, 겁재가 강하면 독신주의나 첩妾이 되는 경우도 있다.

-. 비견이 강하고 관살이 없으면 부부간에 애정이 희박하다.

-. 비견이 천간에 많으면 다정하여 정을 잃어버릴 수 있다.

2) 겁재 劫財의 특성

-. 사주 중에 겁재가 많으면 남자는 처를 극한다.

-. 특히 비견, 겁재가 대부분을 차지하면 풍류를 즐기는 처를 맞이할 수 있다.

-. 사주에 어느 기둥의 천간지지가 비견, 겁재로 되어 있으면 부친을 일찍 사별한다.

-. 사주에 어느 기둥의 간지가 비견, 겁재로 되어 있으면 부부간에 이별수가 있다.

-. 사주에 어느 기둥의 간지가 비견, 겁재로 되어 있으면 공동사업은 절대하면 안 된다.

-. 사주 중 이주二柱가 겁재와 양인이 동주하면 겉은 화려해도 안은 곤고하며 가정이 적막하다.

-. 사주 중 일주와 타주에 겁재와 양인살이 동주하면 혼담 또한 파하기 쉬우며 재물로 인하여 화를 종종 입는다.

-. 사주 중 어디든지 겁재가 중중하면 혼담이 한 번에 이루어지지 않으

며 이복형제가 있다.

-. 연이나 월 중에 겁재가 있으면 장자가 아니다.

-. 겁재와 상관傷官이 같은 기둥에 있으면 무뢰한이 되며 시주는 자손에 해롭다.

-. 겁재와 상관傷官, 양인살이 동주하면 옥계검난玉溪劍難, 변사變死, 재화災禍를 당하거나 단명短命기가 있다.

✚ 여자

-. 사주에 겁재가 많으면 여자는 남편을 극하며 구설수口舌數가 많다.

3) 상관傷官의 특성

상관은 조모祖母 · 외조부外祖父 · 남자에게는 첩妾의 어머니를 나타내며, 여자에게는 자식들을 의미한다. 상관은 교만하여 사람을 무시하고 깔보는 경향이 있으며 신경질이 많고 까다롭다. 직업으로는 종교적이나 연예계 방면에 두각을 나타낸다.

그러므로 내심은 비록 온정溫情을 품고 예술적 소질이 있더라도 타인의 오해와 비방을 받기 쉬우며, 세인의 반대反對 · 방해妨害 · 경쟁競爭 · 실권失權 · 소송訴訟 등을 야기하기 쉽고, 만약 사주에 편인偏印이 있으면 이러한 흉조들을 제압하여주나 비견比肩과 겁재劫財가 있으면 특성은 더욱 강하다.

-. 사주에 상관이 많으면 자식을 극한다. 그러나 신강身强 사주이면 종교가, 예술가 또는 음악가 등으로 명성을 떨친다.

-. 사주에 상관傷官이 많고 정관正官이 없으면 관골이 높고 눈썹이 거칠며 눈빛이 예리하다. 그러나 인품人品은 교만하다.

-. 상관, 겁재가 같이 있으면 재물財物을 목적으로 결혼하는 탐욕貪慾에 찬 사람이다.

-. 사주에 상관만 있고 인수印綬가 없으면 욕심이 많으며 재물이 없으면 비록 잔재주는 있으나 가난하게 산다.

-. 상관과 겁재 및 양인이 있고 다시 상관, 삼합이 있으면 조상의 이름을 더럽히는 수가 있다.

-. 연주의 천간지지가 모두 상관이면 단명短命하며 오래 살지 못한다.

-. 연간이 상관이면 부모덕이 많지 않으며 생가生家에 오래 머물지 못한다.

-. 연주와 월주에 상관이 있으면 부모와 처자가 완전치 못하며 또 겁재가 있으면 생가가 빈천貧賤하고 노고가 많다.

-. 연주에 상관이 있고 월주에 재가 있으면 복록이 있다.

-. 연주와 시주에 상관이 있으면 남녀 불문하고 그 자식에게 해롭다.

-. 월주의 천간과 지지가 모두 상관이면 형제의 버림을 받고 부부이별 夫婦離別수가 있다.

-. 일지에 상관이 있으면 처와 자식이 완전하지 못하며 비록 뜻은 높으나 예술적 재능은 얻지 못한다. 그러나 사주에 편재, 정재재성이 있으면 소년 시절에 영달榮達한다.

-. 시주에 상관이 있으면 자식이 해롭다.

-. 상관이 정관과 동주하면 호색다음好色多淫하다.

-. 상관과 양인이 동주하면 남의 집 하인 노릇이나 하고 또한 부친에게

해롭다.

- 상관과 양인이 동주하고 편재나 정재가 없으면 남달리 아름다운 것을 좋아하며 사물에 대하여 영민英敏하다.
- 상관이 십이운성에서 死와 동주하면 성품이 우유부단하고 질투심嫉妬心이 강하다.

✚ **여자 사주에 상관이 있으면 다음과 같은 경향이 있다.**

- 사주에 상관만 있고 편재, 정재가 없으면 부부가 해로하기 힘들다.
- 상관과 편인偏印이 동주하면 자식과 남편복이 없는 경향이 있다.
- 연주에 상관이 있으면 산액産厄이 따른다.
- 일지에 상관과 양인이 동주하면 남편이 횡사橫死하는 수가 있다.
- 상관이 많으면 혼담婚談에 장애가 있으며 결혼 후 이별수가 있으나 상관이 공망空亡되면 이를 면한다.
- 상관이 있고 관성正官, 偏官이 없는 여자는 정조관념貞操觀念이 강하며 그 남편이 죽은 후에도 수절守節하는 수가 있다.

「삼명통회三命通會」에 의하면 월주에 상관이 있고 또 상관 삼합傷官三合이 있으며 刑・冲・破・害와 관성官星이 없는 경우와 월지 및 시주時柱에 상관이 있고 사주에 관성이 없는 경우 이를 상관상진傷官傷盡이라 하여 상관상진된 사주에 인수와 재財가 있으면 극귀極貴한다고 한다. 후세의 운명가들이 이를 그대로 저서에 기재하고 있으나 신봉하기 힘들며 하나의 경향으로 참작하기 바란다.

- . 일주에 상관과 십이운에서 왕旺이 동주하면 남편이나 자식이 사별 수가 있고, 쇠衰와 동주하면 생이별生離別할 운이 있으니 처·자운이 불길하다.
- . 상관이 주 중에 중중重重하면 조모님이 두 분이 있었다.

이상과 같이 상관에 대한 특징을 설명하였으니 암기하기 바란다.

4) 식신食神의 특성

식신食神은 식복, 즉 의·식·주를 의미하는데 자식 중에서는 딸로 구분이 되며 한편으로는 사업의 계획 변경 등으로도 적용되고 승재관이라 하여 승진을 뜻하는 동시에 대내외적으로는 안정을 의미한다. 또한 남자에게는 장인·장모·조카·손자를 의미하기도 한다.

- . 식신이 과다[네 개] 시 신체허약身體虛弱과 부모덕이 없다.
- . 식신 과다에 편관偏官이 희박하면 자식이 없고 신체가 허약하다.
- . 일지 正官에 식신이 한 개 있으면 팔자가 좋다.
- . 월주에 식신이 있고 시주에 정관이 있으면 크게 출세한다. 특히 관료는 대길하다.
- . 일지가 식신이면 편인이 없는 한 처가 비대하며 관후寬厚하다.
- . 식신이 편인에게 극해되면 곤고하며 단명하고 성사되는 일이 적다.
- . 시주에 식신과 편인이 동주하면 유아 시절乳兒時節 젖이 부족하였다.

-. 식신이 刑·沖·破·害가 되면 어머니와 일찍 이별수가 있고 사死·절絶·병病·목욕沐浴을 만나면 자식이 불효하다.

-. 연간에 식신과 비견이 있으면 왕왕 부잣집에 양자로 갈 수 있으며 경제적 재능이 있고 타인의 도움을 받는다.

-. 연간에 식신과 지지가 겹재면 타인의 흉사凶事로 인해 이득이 있게 된다.

-. 식신에 편관偏官이 있고 양인살羊刃煞이 사주에 있으면 비범한 인물이 된다.

-. 식신과 정재, 편재가 있으면 여러 사람의 어려운 일을 도맡아 성공시키며 염복艷福이 있다.

-. 식신과 편관偏官이 있으면 노고가 많고 편인偏印이 있으면 큰 재해災害를 입는다.

✚여자

-. 자식이나 손자 및 친정의 조카를 의미한다.

-. 사주에 식신이 과다하면 호색好色하여 과부가 되거나 첩 노릇을 한다.

-. 식신이 과다한데 양일 생일은 첩 노릇을 하고, 음일 생일은 기생 또는 천박한 여성이 되기도 한다.

-. 식신이 편관偏官에 의해 극해되면 산액이 있으며 규방閨房이 적막하다.

-. 식신이 편인을 많이 만나면 늙어서 먹을 것이 부족하거나 음식물 중독이나 아사餓死하는 경우가 있다.

-. 시주에 식신과 건록建祿, 제왕帝旺이 동주하면 자식이 크게 발전한다.

-. 식신과 정재, 편재가 있으면 자식에 효자孝子가 있다.

5) 정관正官의 특성

정관은 남자에게는 자식과 조카를 의미하고 여자에게는 남편正夫과 조모를 의미한다.

특성은 품행이 단정端正하고 재지발신才智發伸하며 웃어른長上을 존경尊敬한다. 또 가계가 정통正統이며 명예名譽 및 신용이 있으며 자비심慈悲心이 많고 용모단려容貌端麗하고 인품이 순정純情하다.

이와 같이 정관은 길상吉祥을 나타내는 육신이나 사주에 정관이 과다하면 오히려 곤궁困窮을 면치 못하게 하며 여자는 일부종사一夫從事하기가 어렵다. 즉

-. 正官이 사주에 많으면 가계가 풍족豊足하지 못하고 큰 재화災禍가 따른다.
-. 正官이 하나만 있고 편관, 상관이 없으면 독후강직篤厚强直한 군자가 된다.
-. 연주에 정관이 있으면 장남으로 태어나거나 차남으로 태어났어도 일가의 후계자後繼者가 되고 학창 시절부터 발달하여 영민하다.
-. 월지에만 정관이 있으면 일생 동안 빈곤貧困하지 않으며 인수印綬가 있고 형·충·파·해가 없으면 부귀하고 다시 정관운을 만나면 대부大富하고 대귀하다.
-. 월주에 정관이 있으면 장남이 아닌 경우가 많으며 일평생 노고勞苦

가 적다.
- 일지에 정관이 있으면 자수성가自手成家하며 성품이 명민明敏하며 임기응변臨機應變에 뛰어나고 재주가 있고 현량賢良한 처와 인연이 있다.
- 시주에 정관이 있으면 주로 말년에 크게 발달하며 현량賢良한 자식을 둔다.
- 대체로 시주에 正官이 눈에 띄면 그 용자容姿가 아름답고 음성이 명랑하다.
- 정관이 사주에 있더라도 인수印綬가 없으면 명리名利를 얻기가 힘들다.
- 정관이 십이운성에서 장생長生과 동주하면 학식學識이 있다.

✚여자 사주의 특성

- 여자 사주에 刑·食·破·害와 상관, 편관이 없고 정관과 正財, 偏財만 있으면 남편덕이 있고 天月德과 天乙貴人살이 있으면 더욱 좋다.
- 정관과 십이운성에서 장생長生이 동주하면 부귀와 인연이 있으며 목욕과 동주하면 남편이 호색가이고 死·墓·絶과 공망空亡이 동주하면 남편덕이 없다.
- 사주에 정관이 너무 많으면 부부간에 불화하며 독신獨身 아니면 무용가가 되거나 심하면 천박한 창녀娼女가 된다.
- 정관과 역마驛馬가 동주하면 신체의 이동移動이 심하고 도화살桃花煞과 동주하면 남편의 성품이 매우 온순溫純하다.

-. 정관이 합合이 되면 어렵고 힘든 일이 많으며 다정多情하고 인수印綬가 많으면 규방閨房이 적막寂寞하다.

6) 편관偏官의 특성

편관은 일명 칠살七煞이라고도 하는데 이것은 남자에게는 자식·백모·조부·사촌형 등을 표시하고 여자에게는 정혼正婚 외의 남자 또는 남편의 형을 의미한다.

또한 특성으로는 병권兵權·완강頑强·투쟁鬪爭·성급性急·흉포凶暴·고독孤獨 등을 나타내기도 한다.

사람에 따라서는 권력을 믿고 행패行悖를 부리거나 건달기가 있어 비난을 사는 경향이 현저하나 일면 협기俠氣가 있어 여러 사람들의 두목頭目·군인軍人·협객俠客의 가능성이 많다.

오늘날 대귀 대부大貴大富하는 사람 중에는 편관이 있는 사주를 가진 이가 많다.

사주에 식신이 있으면 흉포가 억제抑制되어 길상만을 초래하나 편재偏財가 있으면 그 특성이 억제되지 않고 계속해서 더욱 증가한다.

-. 연주에 편관偏官이 있을 때 장남으로 태어나면 부모에게 불리한 일이 있다.
-. 월주에 편관과 양인이 동주同柱하면 어머니와 일찍 이별한다.
-. 일주에 편관이 있으면 성질이 조급하나 총명영리聰明怜悧하다. 그러나 묘가 동주하면 매사에 걱정이 많으며 즐거움이 적다.

-. 시주에 편관이 있으면 성품이 강직強直하고 불굴不屈의 기상이 있다. 반면 아들을 늦게 얻게 된다.

-. 사주에 편관과 식식食神이 있으면 대귀하거나 큰 부자가 된다. 그러나 신약사주身弱四柱에 식신이 너무 많으면 오히려 빈한貧寒하게 산다.

-. 편관과 편재가 동주하면 아버지와 인연因緣이 박하다.

-. 편관과 인수가 사주에 있으면 큰 일을 할 팔자이며 때로는 자기를 중심으로 큰 세력勢力을 만든다. 그리고 인수印綬보다 편관이 성하면 무관武官으로 출세하고 인수가 성盛하면 문관으로 출세한다.

-. 편관, 양인이 동주하고 괴강살魁罡煞이 사주에 있으면 군인으로 크게 성공한다.

-. 편관과 편인偏印이 동주하면 외국을 편력遍歷하거나 그렇지 않으면 행상이 될 팔자다.

-. 사주에 편관偏官, 정관正官이 같이 있으면 관살혼잡官煞混雜격이라 하여 사람됨이 잔꾀에 능하고 호색다음好色多淫하여 의외로 재화災禍를 많이 당한다.

-. 편관과 공망空亡이 동주하면 윗사람의 사랑이나 보살핌을 받기 힘들며 여자는 남편과 인연이 박薄하다.

✚ 여자 사주에 관한 사항

-. 사주에 편관이 많고 정관이 있으면 반드시 재가再嫁할 팔자이며 부모덕이 박하다.

-. 사주에 편관이 다섯 개가 있으면 창부娼婦가 된다고 한다.

一. 사주에 편관이 많고 다시 정재正財와 편재偏財가 있으면 남편 외에 정부情夫를 두는 것이 많다.

一. 사주에 정관이나 편관은 남편을 의미하는 것이므로 정관이나 편관은 하나 있는 것이 제일 좋으며 관살혼잡官煞混雜이 되면 실절失節할 우려憂慮가 있다.

一. 관살혼잡이 되고 다시 삼합이 있으면 음란淫亂하기가 그 정도를 알 아보지 못할 정도이다.

一. 사주에 편관이 서 있는 지지가 충冲이 되면 부부 사이가 좋지 못하다.

一. 여자 사주에 편관偏官이 하나 있고 식신食神과 양인羊刃이 있으면 팔 자가 좋으며 성질은 강강强强하여 남편의 시중을 잘 들지 못한다.

一. 사주에 정관, 편관이 동주하고 사주에 비견比肩, 겁재劫財가 많으면 자매姉妹가 한 남편을 서로 다툰다고 한다. 즉 남편이 축첩蓄妾한다.

一. 戊午·丙午·壬子생으로 사주에 편관이 있으면 남편과 이별할 수가 있는데 첩이 되거나 간호사看護士·조산원助産員이 되면 면한다고 한다.

一. 여자 사주에 편관과 목욕沐浴이 동주하면 남편이 풍류호걸風流豪傑한다.

一. 여자 사주에 편관과 장생長生이 동주하면 부귀와 인연이 있다.

一. 여자 사주에 편관과 묘墓가 동주하면 남편과 사별死別수가 있다.

7) 정재正財의 특성

정재正財는 백부伯父 또는 백모伯母를 뜻하며 남자에게는 처妻를 의미하고 여자에게는 시어머니를 의미한다. 또 정재는 명예名譽·자산資産·번영繁

榮・신용信用을 의미하며 복록福祿과 길상吉祥을 의미한다.

정신精神은 정의正義와 공론公論을 존중尊重하고 시비是非를 분명分明히 하며 의협심義俠心이 강하다.

그리고 성격性格 자체가 명랑明朗하여 주색酒色을 좋아하고 결혼운結婚運이 좋은 반면 색정色情에 빠질 염려念慮가 있다. 즉 정재가 있으면 현량賢良한 처妻를 얻어 복록을 누리나 정재가 많으면 여색女色으로 인하여 재산財産을 파재破財하고 생모生母를 극하며 생가生家를 계승하지 못한다.

사주 중에 겁재劫財가 있으면 이와 같은 길상吉祥은 허무虛無하게 되나 식신이 있으면 경복慶福이 더욱 증가增加한다.

-. 월지에 정재가 있으면 성격이 독실단정篤實端正하고 인망人望이 있으며 매사를 성실원만誠實圓滿하게 처리한다.

-. 월지나 일지에 정재와 묘墓가 동주하면 남에게 베풀 줄도 모르고 받아 챙기기만 하는 수전노守錢奴라 하여 구두쇠 소리를 듣는다.

-. 사주에 정재正財가 많으면
   • 정情으로 인하여 손재損財하기 쉬우며 엄처시하嚴妻侍下에 있게 된다.
   • 어머니와 이별離別하기 쉬우며 신약사주身弱四柱이면 재산財産을 모으기 힘들고 비록 배운 것은 많으나 빈한貧寒하게 된다.

-. 연간에 정재가 있으면 조부祖父가 부귀富貴한 집안이다.

-. 연주와 월주에 정재正財와 정관正官이 있으면 부귀富貴할 집안에 태어난다.

-. 월간에 정재가 있으면 부지런하다.

-. 일지에 정재가 있으면 처의 내조가 있다.

-. 시간에 정재가 있으면 자수성가自手成家하나 그 성품이 조급하고 정재가 刑·冲·破·害 없이 겁재劫財 또한 없으면 처자妻子가 길하다.

-. 월지에 정재가 있으면 호문숙녀豪門淑女를 맞이한다.

-. 정재는 월지에 있는 것이 제일 좋으며 다음은 일지에 있는 것이 좋다.

-. 정재는 천간에 있는 것보다 지지에 있는 것이 더 좋다.

-. 천성天星이 정관正官이고 지성地星이 정재正財면 고귀高貴하다.

-. 사주에 정재正財와 식신食神이 가까이 있으면 처의 내조가 있으며 정관이 가까이 있으면 현량賢良한 처를 맞이한다.

-. 사주 중에 정재와 비견比肩이 있고 도화살桃花煞이나 십이운성에서 목욕沐浴과 동주同柱하면 처가 다정多情하여 부정不貞하고 그리고 정재가 쇠衰·묘墓·절絶 등과 동주하면 처의 신체身體가 허약虛弱하거나 거동이 느리고 그렇지 않으면 재가再嫁한다.

-. 정재와 겁재가 동주하면 부친덕德이 없거나 빈곤貧困하며 인수印綬와 동주하면 뜻한 희망을 성취成就하기 어렵다.

-. 정재가 공망空亡이 되면 재화財貨를 얻기 힘들고 처와 인연因緣이 박薄하다.

-. 여자 사주에 정재·정관正官·인수印綬가 있으면 어여쁨을 겸비한다.

-. 여자 사주에 정재가 과다過多하면 반대로 빈천貧賤하다.

-. 여자 사주에 정재와 인수가 너무 많으면 음란淫亂하거나 천부賤婦가 된다.

8) 편재偏財의 특성

- 편재偏財는 남자男子에게는 아버지와 첩 또는 처의 형제兄弟들을 의미하고 여자에게는 아버지와 시어머니를 의미하며 외간外間 남자로도 사용되고 시주時柱에 있는 편재는 손자孫子를 의미한다. 또한 남녀 누구나 편재偏財가 일주나 월지에 있으면 사업事業과도 관련이 있는 것을 명심해야 한다.

- 이 육친六親의 특성은 항상 초년 시절부터 마음에 사무쳐 있는 강개지심慷慨之心의 정신精神이 있고 좀 비굴卑屈한 면도 있으나 스스로 생각하여 깨달음이 남다르며 솔직담백率直淡白하고 거짓으로 꾸며낼 줄을 모르는 수식修飾이 없다.

- 의로운 일에는 돈을 아끼지 않고 돈복과 여자복은 많으나 반대로 이로 인하여 재화災禍도 많이 따른다.

- 남자는 풍류심風流心이 많아 첩을 두거나 여난女難을 당하기 쉬우며 한편 여자는 아버지 또는 시어머니로 인하여 고생하는 수가 많다.

- 남녀 불문하고 타향他鄕에 나가서 출세하는 경향傾向이 많다.

- 식신, 상관食神·傷官이 있으면 이와 같은 일들은 더욱 강해지나 비견比肩이 있으면 약화弱化된다.

- 사주에 편재가 많으면 다욕다정多慾多情하고 주색酒色을 좋아하며 처보다는 첩을 더 좋아한다. 그리고 양자養子로 가거나 타향에 나가 성공하는 예가 많다.

- 연주에 편재가 있으면 집안에 재산이 반드시 자기 소유로 돌아오며 또 능히 조상의 업을 계승한다. 그러나 혹 상속相續이 늦어지는 경향

이 있다.
- . 연주의 천간지지天干地支가 모두 편재偏財면 반드시 양자로 들어간다.
- . 편재는 월주에 있는 것이 제일 좋으며 타주他柱나 또 여러 개 있으면 박복薄福하다.
- . 시간에 편재가 있고 사주에 비견, 겁재가 있으면 가산家産을 탕진蕩盡하고 상처喪妻할 수가 있다.
- . 신강사주身强四柱로서 편재 또한 왕성旺盛하면 사업가事業家로서 크게 성공한다.
- . 편재가 왕성하고 사주에 천덕·월덕·이덕天德月德二德이 있으면 그 부친이 현명賢明하고 명망名望이 높으며 유복有福한 사람이다.
- . 편재가 천간에 있으면 의로운 일에 재산을 희사喜捨하며 술酒 또는 계집을 좋아한다.
- . 천간지성天干地星이 모두 편재면 재복과 여복이 많으며 경제적經濟的 수완手腕이 있다. 이것이 월주에 있으면 고향을 떠나 크게 성공한다.
- . 편재와 편관偏官이 동주同柱하면 부친덕父親德이 없으며 여자로 인하여 손재損財하기 쉽다. 비견比肩이 동주해도 마찬가지이다.
- . 편재와 십이운성에서 장생長生이 동주하면 부자父子가 화목和睦하다.
- . 편재와 십이운성에서 묘墓가 동주하면 부친을 일찍 사별死別한다.
- . 편재와 십이운성에서 목욕沐浴이 동주하면 부친이 풍류風流를 즐긴다.
- . 편재가 공망空亡이면 부친덕이 없으며 여자 관계도 오래 가지 못한다.
- . 여자로서 편재가 많으면 오히려 재복財福이 없다.
- . 일주에 편재와 십이운성에서 쇠衰가 동주하면 남편을 일찍 사별死別

한다.

-. 연주에 편재와 비견比肩이 동주하면 부친이 객사지액客死之厄이 있으니 주의하라.

-. 편재가 시간時干에 있고 일주가 왕성旺盛하면 본처本妻에게 학대虐待를 심하게 받는다.

-. 편재가 시간에 있고 일주와 시주가 서로 상충相沖하면 부부 해로夫婦偕老하기가 힘들다.

-. 편재나 정재가 많아 사주가 약한 신약사주身弱四柱는 사주의 시상에 편관칠살偏官七煞이 있으면 처妻가 악독하다.

-. 편재偏財가 시간에 있고 주 중에 비견, 겁재比肩, 劫財가 과다過多하면 처와 인연因緣이 없고 상처喪妻도 따르며 파산하게 된다.

9) 인수印綬 ; 正印의 특징

인수印綬는 남자에게는 어머니와 장모를 의미하고 여자에게는 어머니와 사촌 형제들을 의미한다. 그리고 때로는 남녀 공히 손자를 의미할 때도 있다.

인수는 지혜智慧 · 학문學問 · 총명聰明 등의 특성이 있으므로 자기 멋대로 하는 결점缺點도 있으나 인의仁義를 중요시하고 자비심慈悲心이 있어 귀인으로도 여겨진다. 또 종교宗敎를 경신敬信하고 군자 및 대인의 풍격風格이 있으며 그 자질資質이 온후단정溫厚端正하여 신망信望을 얻으며 자산풍부資産豊富 · 복수쌍전福壽雙全 · 무병식재無病食財 · 산업진흥産業振興 · 가도번家道繁榮 · 생애안락生涯安樂 등의 경향傾向이 있다.

ㅡ. 사주에 인수印綬가 과다過多하면 다음과 같은 현상現狀이 있다.
- 남자는 처妻와 이별수가 있으며 자식子息은 그 수가 적거나 불효不孝하다.
- 여자는 어머니와 이별수가 있다.
- 인수印綬가 많은 것은 어머니가 많은 것을 의미하므로 서모庶母가 있거나 유모乳母를 의미한다.

ㅡ. 연간에 인수印綬가 있고 초년 대운初年大運이 양호良好하면 양가良家의 자손이다.

ㅡ. 연간에 인수가 있고 월간에 겁재가 있으며 인수가 십이운성에서 쇠衰·병病·사死 등의 쇠약衰弱한 십이운성과 동주同柱하면 비록 상속인相續人의 자격資格은 있으나 동생이 대신 상속相續하게 된다.

ㅡ. 월간에 인수가 있고 이것이 형刑, 충沖이 되면 외가外家가 쇠몰衰沒한다.

ㅡ. 월주에 인수가 있고 이것이 형刑, 충沖이 되지 아니 하면 문장文章으로 이름을 떨칠 수 있으며 월지에 인수가 있으면 그런 경향은 더욱 많으며 성품과 두뇌가 총명聰明하고 말이 적으며 용모容貌가 단정하고 인격이 있다. 그리고 사주에 관살官煞이 있으면 부귀富貴하다.

ㅡ. 시주時柱에 인수가 있고 관살이 없으면 예술藝術가로서 이름을 떨치나 고독孤獨한 경향이 있다.

ㅡ. 시주時柱에 인수가 있으면 자식덕이 있으며 자식은 교묘巧妙한 재주가 있다.

ㅡ. 신강身强 사주에는 인수가 많으면 자식이 적고 빈고貧苦하다.

ㅡ. 인수가 있는 사주에 정재正財가 있으면 어머니와 이별수가 있으며

매사에 막힘이 있고 재운財運을 만나면 악사惡死하는 경향이 있다.

-. 인수와 비견比肩이 동주하면 형제 또는 친구들의 일로 진력盡力하는 경향이 많고 겁재와 동주하면 진력하더라도 결과가 좋지 않다.

-. 인수와 식신食神이 동주하면 타인의 존경과 신용을 받으며 이익이 많다. 또한 편재偏財와 동주同柱하면 상업상 이익이 많고 가정이 화목하다.

-. 인수와 상관傷官이 동주하면 어머니와 의견충돌이 있으며 정재正財와 동주하면 처와 어머니의 사이가 나쁘다.

-. 인수와 관살官煞이 동주하면 명리名利가 많고 여자는 남편과 자식복子息福이 있다.

-. 인수와 편인偏印이 동주하면 결단심決斷心이 없으며 양인과 동주하면 심신心身이 괴로운 일이 많다. 또한 인수와 십이운성에서 장생長生이 동주하면 부모의 용모가 단정端正하고 어머니가 현명賢明하거나 타인의 은혜恩惠를 많이 받는다.

-. 인수가 십이운성에서 관대冠帶와 동주하면 양가良家의 자손이며 목욕沐浴과 동주하면 직업상 과실過失이 많고 어머니가 청상과부靑孀寡婦로 지내는 수가 많다.

-. 인수와 십이운성에서 건록健祿이 동주하면 가운家運이 좋을 때 출생하였으며 제왕帝旺과 동주하면 부친이 처가살이 할 경향이 있다.

-. 인수와 십이운성에서 사死·묘墓·절絶이 동주하면 부모덕이 적다.

-. 인수印綬가 왕성하고 신강身强 사주이면 주색을 좋아한다.

✚여자 사주의 특성

- -. 여자 사주에 인수가 많으면 남편과 일찍 이별하고 자식과 인연因緣도 없으며 시부모媤父母와도 사이가 나쁘다.
- -. 인수와 정재, 편재가 있으면 시어머니와 뜻이 맞지 않는다.
- -. 여자 사주에 인수가 있고 정재가 너무 많으면 음란淫亂하거나 천부賤婦가 된다.
- -. 사주에 관성官星이 경미하고 인수가 왕성하면 남편 대신 생존경쟁生存競爭에 시달리며 늙어서도 일할 팔자다.
- -. 인수와 상관傷官 및 양인羊刃이 동주하면 부자와 인연이 없으며 여승女僧이 될 수 있다.

10) 편인偏印의 특성

편인偏印은 계모繼母와 유모를 의미하고 남자에게는 처妻의 아버지 또는 어머니의 형제를 나타내고 여자에게는 어머니의 형제를 나타낸다.

이 편인의 특성은 수복壽福을 해害치고 식신食神을 파극破剋한다. 그래서 편인을 도식盜食이라고 부르는 이유이다.

편인은 또한 파재破財 · 실권失權 · 병재病災 · 이별離別 · 고독孤獨 · 박명薄命 · 색난色難 등을 의미하기 때문에 고로 사주에 편인이 많으면 어떤 형태形態로든지 불행이 찾아든다.

또 성격도 처음에는 부지런하나 곧 권태倦怠를 느껴 태만怠慢해져서 매사를 용두사미龍頭蛇尾 격으로 끝내기 쉽다. 비록 도량은 넓으나 변덕變德이 많은 단점이 있고 편업偏業에는 적합한 점이 있어 학자學者 · 예술가藝術家 · 의사

醫師・승려僧侶・배우俳優 등으로 이름 있는 사람들의 사주에는 편인이 많다.

- 사주 중에 편인이 많으면 일찍 부모와 이별하고 처자식도 인연이 박하여 재화를 당하거나 명예를 해치는 일이 있다.
- 사주 중에 편관偏官과 식신이 있고 편인偏印을 만나면 재복이 한결같지 아니 하며 신체身體가 허약왜소虛弱矮小하다.
- 연주에 편인이 있으면 조업祖業을 파破하는 경향이 있으며 십이운성에서 양養과 동주하면 계모繼母에 의해서 양육된다.
- 월지에 편인偏印이 있으면 의사醫師・배우俳優・운명가運命家・이용사理容師・미용사美容師 등의 편업적偏業的인 직업에 유리하고 십이운성에서 쇠衰・병病・사死・절絶 등의 운과 동주同柱하면 인기가 없고 식신食神이 사주에 있으면 손윗사람의 방해를 받는다.
- 월지에 편인偏印이 있고 재財와 관살官煞이 있으면 부귀한다. 단, 편재가 있으면 편인의 흉조凶兆는 없어진다.
- 일주에 편인이 있으면 남녀를 불문하고 결혼운이 나빠진다.
- 편인과 식신이 사주에 있으면 유아 시절幼兒時節에 젖이 부족했던 일이 있다.
- 사주에 편인과 인수가 있으면 두 가지의 직업을 가지게 된다.
- 편인과 비견比肩이 동주하면 타인의 양자로 가거나 계모가 있을 수 있으며 겁재와 동주하면 타인으로 인하여 실패가 많으며 혼담(婚談)에 장애가 있다.
- 편인과 십이운성에서 장생長生이 동주하면 생모生母와 인연이 박복薄福하고 목욕沐浴과 동주하면 계모의 양육養育을 받을 수 있는데 그

계모가 부정한 경향傾向이 있다.

-. 편인과 십이운성에서 관대冠帶가 동주하면 甲, 丙 등 양일생陽日生은 어릴 때 아버지와 이별수가 있으며 乙, 丁 음일생陰日生은 계모繼母 또는 의모義母의 양육을 받는다.

-. 편인과 십이운성에서 건록健祿이 동주하면 비록 부귀富貴한 집안에 태어났더라도 삼십 세 전후하여 부친父親과 이별하며 집안이 영락零落한다.

-. 편인과 십이운성에서 제왕帝旺이 동주하면 계모繼母로 인하여 고생하며 쇠衰·병病·사死·절絶·묘墓와 동주하여도 편친偏親과 이별할 수가 있으며 노고勞苦가 많다.

✚여자 사주의 특징

-. 여자 사주에 편인이 많고 다시 식신食神이 있으면 자식에게 해害가 많다. 그리고 유산, 산액流産産厄이 있다.

-. 천간과 지성地星이 모두 편인偏印이면 남편과 인연이 박薄하고 상관傷官과 동주하면 남편과 자식과 인연이 없다.

11) 십이운성十二運星

십이운성十二運星이란 사람이 어머니 뱃속에서 난자와 정자가 만나 수태되어 자라서 출생하고 목욕시켜 사모관대紗帽冠帶를 씌워 관직에 나가고 왕성한 시기까지 올라 서서히 쇠퇴衰退하여 병들고 죽어서 장사 지내는 과정을 생의 사이클로 하여 사람의 일생을 12단계로 나누어 절絶·태胎·양養·장생長生 · 목욕沐浴 · 관대冠帶 · 임관臨冠 · 제왕帝旺 · 쇠衰 · 병病 · 사死 · 장葬으로 구분하여 사주의 주별에 하나씩 붙여서 사주의 운에 미미한 영향을 미치도록 하여 이것을 절태법絶胎法 또는 포태법胞胎法이라 칭하고 음陰과 양일陽日을 구분하여 좌선左旋, 우선右旋으로 돌려 사주의 주별柱別에 닿는 것이 사주의 어떠한 영향력을 주는가를 적용하는 것이라 할 수 있다.

그리고 여기서 주목할 만한 것은 경영학에서도 제품의 사이클이 있는데 이것 역시 제품의 일생을 일주기一週期로 하여 도입기導入期 · 성장기成長期 · 성숙기成熟期 · 쇠퇴기衰退期로 구분하여 자재를 구입하여 제품을 설계하고 마침내 생산하고 개발하여 출시한다.

처음에는 제품을 조금씩 생산하여 출시한 후 시장의 변화 추세에 따라 생산성生産性이 차츰 올라가고 마침내 판매가 정상頂上에 올라 성숙기가 되었다가 점차적으로 감소하고 쇠퇴하면 차기 제품 개발 여부를 결정하고 재설계再設計하는 과정을 거친다.

이러한 과정들을 볼 때 사주추명학에서는 이 포태법胞胎法을 천여 년 전에 적용하였는데 경영학에서는 불과 몇 년 전에 이러한 이론을 접목시켜 적용한 것을 보면 역학의 심오한 이론에 감탄하지 않을 수 없다.

여기서 십이운성법을 찾는 방법은 육신법과는 다르다. 육신을 찾는 법은 지장간地藏干 중 중기中氣와 대조하여 찾았는데 십이운성을 찾을 때는 지장간을 추출抽出하지 않고 그대로 찾는다는 것이 다르다. 일간日干의 간干을 기준으로 각각의 지지와 대조하여 도표에서 찾아 넣으면 되는 것이다.

십이운성도표 十二運星圖表

	長生	沐浴	冠帶	健祿	帝旺	衰	病	死	墓	絕	胎	養
甲	亥	子	丑	寅	卯	辰	巳	午	未	申	酉	戌
乙	午	巳	辰	卯	寅	丑	子	亥	戌	酉	申	未
丙·戊	寅	卯	辰	巳	午	未	申	酉	戌	亥	子	丑
丁·己	酉	申	未	午	巳	辰	卯	寅	丑	子	亥	戌
庚	巳	午	未	申	酉	戌	亥	子	丑	寅	卯	辰
辛	子	亥	戌	酉	申	未	午	巳	辰	卯	寅	丑
壬	申	酉	戌	亥	子	丑	寅	卯	辰	巳	午	未
癸	卯	寅	丑	子	亥	戌	酉	申	未	午	巳	辰

위의 십이운성의 조견표 早見表에서 보는 바와 같이 지지의 정기 正氣와 동일한 십간은 그 지지에서 건록 健祿이 된다. 예를 들어 甲木은 寅木이 건록이요 乙木은 卯木이 건록이 되는 것이다. 이하 모두가 마찬가지로 유추 類推하면 되는 것이다.

예

年	月	日	時
甲	乙	丙	丁
子	丑	寅	卯
胎.	養.	長生.	沐浴

이러한 사주가 있다면 일주의 일간을 기준으로 하여 조건표에서 일간의 기준인 丙을 찾아 연의 지지부터 순서대로 찾아 내려가면 된다.

즉 丙에서 子를 찾으면 胎가 되고, 丑을 찾으면 養이 되고, 寅을 찾으면 長生이 되고, 卯를 찾으면 沐浴이 된다. 이렇게 유추하여 사주의 각각의 주 밑에 넣어 사용하면 되는 것이다.

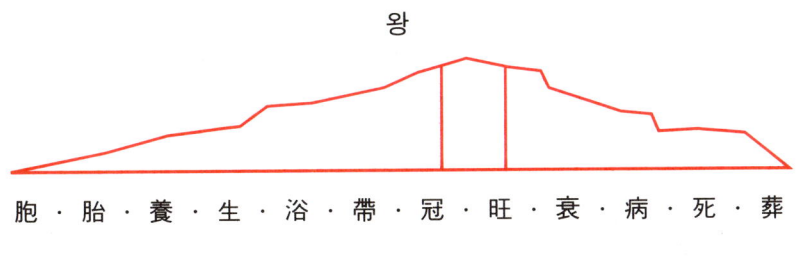

| 포태법의 그래프 |

위의 도표를 살펴보면

① 胞는 정자와 난자가 만난 상태로 보며,

② 胎는 태아가 생기기 시작한 상태이며,

③ 양養은 태아가 어머니 뱃속에서 자라나는 시기이며,

④ 장생長生은 태아가 출생하는 시기라서 매우 좋은 시기이며,

⑤ 목욕沐浴은 출생한 아이를 진자리, 마른자기 가리며 목욕시켜 가꾸는 시기이며,

⑥ 관대冠帶는 성인이 되어 사모관대를 씌워 결혼하게 하는 시기이며,

⑦ 임관臨冠은 공직에 나가 국가를 위해 열심히 일을 할 시기이며,

⑧ 제왕帝旺은 일생 동안 제일 좋은 위치에 올라서는 시기로서 왕위에

오르듯이 제일 좋은 시기이며,

⑨ 쇠衰는 제일 좋은 운이 서서히 약해지기 시작하는 시기이며,

⑩ 병病은 점차 쇠약해진 몸이 병이 들어 노년에 접하였다는 시기이며,

⑪ 사死는 병들어 죽는 시기이며,

⑫ 장葬은 죽어서 장사 지내는 것을 뜻함으로 이것도 좋은 시기로 본다.

그래서 이상에서 보는 바와 같이 사람은 누구나 평생에 좋은 운이 세 번씩 찾아온다고 하였으나 그러하지 못한 사람도 많이 있다는 것을 알아두기 바란다.

알아둘 요점 사항

1) 육신이란 무엇인가 설명해 보자.
2) 십신과 육신의 차이점은 무엇인가.
3) 비견과 겁재의 차이점에 대해서 알아보자.
4) 상관과 식신의 차이점은 무엇인가?
5) 정관·편관에서 편관을 칠살七煞이라 하는 데 알아두어야 할 점은 무엇인가?
6) 정재·편재에 대해서 구분하여야 할 점은 무엇인가?
7) 인수와 편인의 차이점은 무엇인가?
8) 육신 중에서 편관칠살偏官七煞이란 무엇이며 어떠한 작용을 하는가?
9) 육신 중에서 편재살偏財煞이란 어떠한 역할을 하는지 알아보자.
10) 십이운성에서 십이운성이 작용하는 역할은 무엇인가?

제 6 장

용신(用神)과 사주의 강약 및 격(格)

01 용신(用神)이란 · 181
02 강(强)한 사주와 약(弱)한 사주 · 184
03 용신(用神)의 분류와 격국(格局) · 189
04 용신의 종류 · 190
05 격국(格局) · 194

01 용신用神이란

용신用神이란 사주의 여덟 팔 자 중에서 제일 중요한 것을 찾는 것이므로 사주학에서 용신을 쉽게 찾을 수 있다면 사주학은 거의 다 배웠다고 해도 과언이 아닐 것이다.

이 용신은 사주학 중에서 생로병사生老病死를 주관하는 것으로서 아주 중요하게 여기며 찾기 또한 여간 쉽지 않은 것이 사실이다. 그래서 사주학을 공부하다가 용신을 배우는 시기에 대부분 포기抛棄하는 경우가 허다하다. 그래서 저자는 용신을 찾는 공식을 개발하여 누구나 쉽게 용신을 찾을 수 있게 간단명료하게 공식화公式化하였는데 사주학 역사상 처음이라 할 수 있을 것이다. 독자들은 이 공식만 외우면 누구나 쉽게 용신론을 익힐 수 있을 것으로 확신한다.

✚ 공식公式

① 比 ⟷ 官 ⟷ 傷 ⟷ 財
② 印 ⟷ 財 ⟷ 官 ⟷ 食

③ 食 ⟷ 印 ⟷ 比

④ 財多 ⟷ 比 ⟷ 印

⑤ 官 ⟷ 印 ⟷ 比 ⟷ 食

위와 같이 공식으로 되어 있다. 위에서

① 비比는 比肩, 劫財요, 관官은 正官, 偏官이요, 상傷은 傷官, 食神이며, 재財는 正財, 偏財를 말하며,

② 인印은 印綬, 偏印을 말하며, 재財는 正財, 偏財을 말하며, 관官은 正官, 偏官을 말함이요, 식食은 食神, 傷官을 말한다.

③ 식食은 食神, 傷官이요, 인印은 印綬, 偏印이요. 비比는 比肩, 劫財를 말함이다.

④ 재다財多는 정재, 편재가 많은 경우이며. 비比는 비견, 겁재를 말하며. 인印은 인수, 편인을 말하며 관官은 정관, 편관을 말하며. 식食은 식신, 상관을 말함. 인印은 인수, 편인을 말하며. 비比는 비견, 겁재를 말하는 것이니 분명하게 이해하고 넘어가야 할 것이다.

즉 사주의 일주를 기준하여 비관, 상재라 하였으니 비견, 겁재가 있으면 용신은 정관, 편관으로 가며, 정관, 편관이 없으면 식신, 상관으로 가고, 식상이 없으면 정재, 편재로 간다는 것을 알아야 할 것이다. 이하 동일하게 응용하면 되는 것이다.

【예문】

年	月	日	時
庚	甲	己	己
午	子	丑	亥
상관	정관	비	비견
편인	편재	견	정재

① 이런 경우 比·官·傷·財의 공식公式을 이용하면 比肩 일주로서 신강身强사주가 이미 구분이 되며,

② 용신用神은 比에서 官으로 가니까 正官이 용신이 되며, 正官이 없을 경우는 比·官·傷이니까 傷官으로 용신이 가며, 傷官도 없을 경우에는 子水와 亥水인 偏財나 正財로 용신이 이동移動한다는 이치이다.

③ 육신六神에서 용신이 없는 경우 지장간地藏干에 숨어 있는 오행을 찾아서 사용해도 된다.

02 강強한 사주와 약弱한 사주

또한 사주에서는 사주의 강하고 약한 것을 구분하여 신강사주. 극신강사주 · 신약사주 · 극신약사주로 하여 네 가지 사주를 구분할 줄을 알아야 하는데 이 또한 신강과 신약사주를 어떻게 구분하는지조차 감을 잡기가 어렵다. 그래서 강약과 용신과 혼돈하여 더욱더 어렵게 느껴지는데 이것을 완전히 구분 · 분리하여 아주 쉽게 하였으니 누구나가 한 번만 읽어 보면 알 수 있을 것이다.

또한 사주추명학推命學에서 운명의 중추적中樞的 역할로 작용하는 것은 사주상의 오행의 조화調和 여부를 보고 운명의 길흉吉凶 여부를 판단判斷하는 방법이다.

먼저 육신六神의 종류를 알아보자.

比肩	
劫財	
偏印	신강身强
印綬	
食神	5:5中間

傷官
正財
偏財
正官
偏官

신약身弱

 십신을 위와 같이 구분하면 십신 중에서 쉽게 신강과 신약을 구분할 수 있게 되는데 여기서 중요한 점은 사주의 일주日柱를 기준하여야 한다는 것이다. 즉 태어난 날짜가 비견이나 겁재나, 편인이나, 인수가 일주에 있게 되면 일단은 신강身强사주로 구분하면 95%는 틀림없다는 사실이다.

 반면 상관·정재·편재·정관·편관이 일주에 있게 되면 신약사주가 될 확률이 95%가 되는 것이다. 그리고 식신이 일주에 있게 되면 반반으로 구성되었다가 타주에서 일주를 도와주는 비견, 겁재나, 인수, 편인이 있으면 신강으로 변하고 아래에 위치한 상관?정재?편재?정관?편관이 타주에 있으면 신약사주로 바뀌게 되는 것이다. 이렇게 구분하여 살펴보면 아주 쉽게 신강, 신약사주를 구분하게 되는 것이다.

【예문】

연월일시 :	年	月	日	時
천간 네 자 :	戊	己	戊	甲
지지 네 자 :	子	丑	辰	午
육 신 :	비견	겁재	비견	편관
	정재	겁재		인수

위와 같은 사주가 성립되어 있다면 태어난 일주가 비견에 해당되니 이미 신강사주로 구성되어 있는 반면 타주에도 비견과 인수가 도움을 주고 있어 이러한 사주는 극신강사주가 되는 것이다.

예컨대 사주의 오행에서 조화가 잘 되어 인격자人格者라고 판단되면 비록 양인羊刃, 도화桃花 등의 악살惡煞이 있더라도 비인격자라고 판단해서는 아니 되며 반대로 천덕·월덕 등의 길신吉神이 있으면 금상첨화錦上添花로 훌륭한 인격자이며, 자비심慈悲心이 많다고 판단하여야 한다. 결국 살煞·육신六神 등에 의한 감정법은 직접오행直接五行에 의한 감정법에 부수附隨되는 것에 불과不過하다.

오행의 조화調和 여부에 의하여 운명의 길흉을 판단하는 방법은 한마디로 말해서 사주상의 음양陰陽과 오행의 태과太過 및 불급不及을 관찰하여 운명의 선악善惡을 관찰觀察하는 것으로 태과 및 불급이 없는 오행의 중화中和가 잘 짜여져 있는 사주를 귀히 여겨 존중한다.

오행의 조화는 우선 사주팔자의 기준이 되는 일간日干, 즉 일주日柱의 오행부터 시작되어야 한다.

일주의 오행이 甲木 또는 乙木인 경우境遇 사주상의 목기木氣는 지나치게 강왕强旺해서도 아니 되며 반대로 너무 쇠약衰弱해도 못쓴다. 만일 일주가 지나치게 왕성旺盛하면 파재破材, 손처損妻등의 흉악凶惡이 있으며 지나치게 일주가 쇠약하면 병고빈천病苦貧賤 등의 흉운凶運을 만나기 쉽다.

사주의 강약强弱에서 일주가 왕성하고 강력强力한 것을 신강身强이라, 하고 쇠약衰弱하고 무기력無氣力한 것을 신약身弱이라고 한다. 위에서 이미 신강과 신약을 구분하였지만 보완 설명을 하고자 한다.

신강身强과 신약身弱을 구별區別하는 보충적 도움을 주는 표준標準은 다음과 같다.

-. 우선 출생월出生月이 일주와 비교하여 일간을 도와줌으로써 왕성旺盛한 달인가 아닌가를 살핀다. 즉 오행의 왕, 쇠旺, 衰 상생相生, 상극相剋을 보고 월령月令이 일주의 오행이 왕성旺盛해지는 달인가 쇠약衰弱해지는 달인가를 살핀다. 예컨대 일간日干이 甲木이면 이른 봄부터 늦은 봄까지 춘동절春冬節은 왕성旺盛하고 여름과 가을철, 하추절夏秋節에는 쇠약해진다.

-. 일주日柱가 생조生助되면 신강身强이고 일주가 파극破剋되면 신약身弱이다. 여기서 일주가 생조生助된다 함은 일주의 오행과 같은 오행 동기同氣 또는 상생相生하는 오행, 즉 인수印綬 · 편인偏印 · 비견(比肩 · 겁재劫財 · 양인羊刃 등을 만나는 것을 말하며, 파극破剋된다 함은 일주의 오행과 상반되는 오행, 즉 정관正官 · 편관偏官 · 정재正財 · 편재偏財 등을 만나는 것을 말한다. 또한 일주의 오행을 누설漏泄시키는 오행, 즉 식신食神, 상관傷官을 만나면 기운이 누출漏出되어 일주가 약해진다.

-. 일주日柱가 지지에 십이운성에서 장생長生 · 건록健祿 · 제왕帝旺등을 만나면 득기得氣하였다 하여 강해지고 병病 · 사死 · 절絶 등을 만나면 실기失氣하였다 하여 약해진다. 그러나 이것은 양날에 태어난 날짜, 즉 양일간陽日干에만 적용한다. 또한 일주가 지지 속에 오행상 동기同氣를 만나면 강해지는데 이것을 서로 기가 통하고 동기를 만나 힘을 얻어 뿌리를 단단하게 하였다 하여 통근通根하였다고 한다.

또한 신강身强 및 신약身弱의 판단은 이상의 여러 표준을 종합하여 결정하여야 하는데 실제로 구별하기에는 곤란한 경우가 있으며 대가大家들도 틀리는 경우가 종종 있다.

그러니까 대체로 사주팔자 중의 일주를 생조生助하는 육신六神과 극해剋害하는 육신의 수를 비교하여 그 많고 적음에 의하여 신강 및 신약을 판단하되 중점重點은 월령月令에 두어야 하며 천간보다 지지의 육신六神이 더욱 강하다. 이때 삼합, 육합三合·六合 및 간합干合이 되어 타 오행으로 화化하는 것도 고려해야 한다.

03 용신用神의 분류와 격국格局

　용신用神은 문헌이나 학자들의 분류법에 의하여 약간의 차이는 있으나 종적으로 나아가면 대부분 비슷하게 해석이 나온다. 그러니 독자들은 조금도 흔들림 없이 정진하면 즉시 깨달을 것이다.
　일반적으로 흔히 쓰는 방법으로는 희신喜神·기신忌神·한신閑神으로 분류分類하여 인용하되 이를 좀더 구체화하여 억부용신抑扶用神·조후용신調喉用神·전왕용신專旺用神·통관용신通關用神·병약용신病藥用神·종가용신從假用神·가화용신假化用神·득기용신得氣用神 등으로 세분화細分化하여 논論하고 있다. 이를 참고로 요약해 보면 다음과 같다.

　-. 희신喜神 : 용신을 도와주는 오행을 말하고,
　-. 기신忌神 : 용신을 치고 들어와 해치는 오행을 말하며,
　-. 한신閑神 : 용신이나 일주에 대해서 무해무득한 오행을 한신이라 한다.

04 용신의 종류

1) 억부용신 抑扶用神

억부용신은 일간日干을 생조生助하는 육신이 많으면 신강身强이며 신강이면 오행의 조화상 일주를 극루克漏하는 육신六神이 필요한데 이것이 즉 용신이다. 반대로 일간을 극루尅漏시키는 육신이 많으면 신약身弱인데 이때는 일간을 생조하는 육신이 용신이다.

2) 병약용신 病藥用神

신약사주에 일주日柱를 생하여 도와주는 육신이 있으나 이를 파극破尅하는 육신이 있으면 이를 사주의 병病이라고 하고 파극破尅하는 육신을 다시 억제抑制하는 육신을 약藥이라고 한다.

즉 병이 있는 사주는 약이 용신이 된다.

3) 조후용신 調候用神

세상 만물과 사람의 숙명인 사주는 십간과 십이지지로 되어 있으며, 십간과 십이지지는 음과 양 또는 오행으로 이루어져 있는가 하면 한寒 · 난暖 · 조燥 · 습濕의 조화調和에 의하여 이루어지듯이 사주도 한 · 난 · 조 · 습의 조화가 필요하다.

따라서 사주가 과過하게 한습寒濕하거나 난조暖燥하면 한 · 난 · 조 · 습을 조화시키는 육신六神이 용신이 된다.

4) 전왕용신 專旺用神

전왕용신이란 사주의 오행이 일방적으로 편중偏重되어 그 세력이 극히 왕성하여 억제하기 곤란할 때에는 그 세력에 순응順應하는 육신이 용신이다.

5) 통관용신 通關用神

통관용신이란 서로 대립하는 육신의 그 강약强弱이 비슷할 때에는 두 육신六神을 오행의 상생 원리에 의하여 소통疏通시키는 육신이 필요한 때가 있다 이러한 용신을 통관용신이라 한다.

6) 종가용신 從假用神

종從이란 글자 그대로 풀어 보면 쫓아다닌다. 따른다로 풀이하듯이 한마디로 요약하면 강한 세력에 복종하여 따라다닌다는 뜻이다.

개개인의 사주는 각양각색各樣各色으로 나타나지만 오행의 범주를 벗어날 수는 없다. 전체의 흐름에서 보면 한 개 내지 두 개의 오행이 강세이기 때문에 강함이 있고 또한 눈에 띄게 약세로 미약한 경우가 있는데 이러한 사주를 어느 한 쪽으로 치우치지 않게 하기 위하여 강세를 억제하고 약세를 도와 균형이 잡히도록 조정한다는 것이다.

용신법에서 앞서 설명한 억부·조후·통관·병약 등의 용신이 있어도 모두가 해결되는 것은 아니므로 단순한 오행의 한두 개가 강세로 치우쳐 있어서 억부抑扶나 통관용신으로 해결하지 못할 때 종가용신을 사용하는 것이다.

7) 가화용신假化用神

가화용신이란 일주日柱를 중심으로 하여 간합干合이 있는 경우인데, 예를 들어 보면 갑기甲己 합의 경우 甲木이 일간에 있으면 월간이나 시간에 己土가 있는 경우이고 또한 화化가 성립되기 위해서는 월지에 오행이 월과 시간의 간합干合 오행과 일치해야 한다는 것이다.

즉 월지에 진술축미辰戌丑未월의 오행이 있어야 한다는 것이다. 또한 병신丙辛 화化의 성립은 월지가 신자진해申子辰亥월이어야 한다. 다만 申金과 辰土는 동일한 오행은 아니나 삼합三合하여 申子辰 水로 화함으로 무방하다는 것이다.

무계戊癸의 화는 인오술사寅午戌巳월이며, 을경乙庚의 화는 사유축신巳酉丑申월이어야 하며, 정임丁壬의 화는 해묘미인亥卯未寅월이어야 한다. 단, 여기에서도 화를 성립하기 위해서는 간합된 오행이 월지에 있을 때가 길한데 반대로 너무 과다하면 불길한 면도 있음을 항시 염두에 두고 가감加減하여야 한다.

8) 득기용신 得氣用神

득기용신이란 일주日柱를 중심으로 하여 비견, 겁재가 많은 사주를 말함인데, 즉

- 갑을일甲乙日생으로 지지에 인묘진월寅卯辰月이나 해묘미亥卯未가 모두 있고 金이 섞여 있지 않는 것인데 이런 경우를 곡직인수격曲直印綬格이라 한다.
- 병정일丙丁日생으로 지지에 사오미월巳午未月 또는 인오술寅午戌이 모두 있고 水가 섞여 있지 않은 것인데 이것을 염상격炎上格이라 한다.
- 무기일戊己日생으로 진술축미辰戌丑未가 모두 있고 목木이 섞여 있지 않은 것으로 이것을 가색격稼穡格이라 한다.
- 경신일庚辛日생으로서 지지에 신유술申酉戌 또는 사유축巳酉丑이 모두 있고 화火가 섞여 있지 않은 것인데 이것을 종혁격從革格이라 한다.
- 임계일壬癸日생으로 지지에 해자축 또는 신자진이 모두 있고 토가 섞여 있지 않은 것인데 이것을 윤하격潤下格이라 한다.

이러한 득기용신得氣用神에는 비견, 겁재가 왕성하든가 식신, 상관운이 올 적에는 매우 길한 운이 된다.

05 격국格局

【5-1】 관살官煞

관살은 정관正官과 편관偏官을 말한다. 편관은 일명 칠살七煞이라고도 하는데 정관과 칠살을 관살이라 한다.
오행상의 관살의 역할과 그 작용은 다음과 같다.

－. 신왕身旺이고 재財가 약하면 관살이 사주 속에 있거나 대운을 만나면 길하다. 그것은 관살이 비견 및 겁재를 억제하고 재성財星을 보호하기 때문이다. 반대로 재성이 많고 신약身弱이면 관살이 없어야 길하다. 그것은 관살이 비견 및 겁재를 극해서 신약이 더욱 신약으로 되기 때문이다.

✚ 연 : 乙巳   월 : 辛巳   일 : 丙子   시 : 癸巳

巳월생 丙火가 연월 및 시지에 巳火, 즉 건록健祿을 만나 신왕이며 월간의 일점一點 辛金이 불에 쌓여 녹아 버릴 듯한데 계癸수와 자子수가 火를 극하고 辛金을 보호하여 길한 사주가 되었다.

- . 신약에다 인성印星, 즉 인수印綬와 편인偏印이 약하면 관살官煞을 만나야 사주가 길해진다. 그것은 관살이 인성印星을 도와주기 때문이다.

✚ 연 : 戊寅　월 : 甲寅　일 : 辛卯　시 : 丁酉

寅[1]월생 辛金이라 쇠약衰弱한데다가 연간年干의 무토戊土는 갑인목甲寅木이 극剋하고 시지의 유금酉金은 군목群木이 충冲하여 더욱더 약해졌다. 천만다행으로 시간의 정화丁火가 목기木氣를 누출漏出시켜서 무토戊土를 생조生助하고 있다. 즉 편관이 인수印綬을 생조하고 생조된 인수印綬가 다시 辛金을 생조하여 극심한 신약身弱을 구조하고 있다.

- . 신약에다 인수印綬마저 약하면 관살을 만나야 사주가 길하다. 반대로 신약사주에 인성印星이 지나치게 왕성하면 관살을 만나면 사주가 불길해진다. 그것은 신약이라도 인성이 심히 왕성旺盛하면 신왕身旺이 되는데 신왕이면 식신食神이나 상관傷官이 왕성한 일주日柱의 기운을 누출漏出시켜야 오행이 조화되는데 인수가 식상食傷, 즉 식신이나 상관을 직접 파극破剋함으로써 왕성한 기운을 누출시킬 수 없게 된다. 또 인수가 왕성할 때 관살을 만나면 관살이 인수를 도와 왕성한 인수가 더욱 왕성해져서 더욱 불길不吉해진다.

✚연 : 癸亥   월 : 乙卯   일 : 丙子   시 : 乙未

　인수가 사주 속에 네 개나 있어 丙火의 기운을 돕고 있는데 병화의 동기同氣가 사주 속에 있으면 이 왕성한 목기木氣를 흡수하여 시지時支의 미토未土, 즉 상관을 통해 누설漏泄시킴으로써 수기水氣를 유행流行시킬 수 있는데 목기木氣와 상관傷官 사이를 연결시켜 줄, 즉 전도傳導할 화기火氣가 없어 乙, 卯 木이 직접 未土를 극克하고 있다. 따라서 목기는 억제抑制되어야 하는데 관살官煞, 즉 계수癸水와 자수子水는 수생목水生木하여 목기를 더욱 왕성旺盛하게 해줌으로 사주는 더욱 불길不吉해진다.

　一. 사주 속에 관살 및 재성과 인성이 있을 때 신왕이면 관살이 용신이 되고 신약이면 인수가 용신인 것은 이상 말한 바와 같으나 재성과 인성이 양립하여 그 세력이 막상막하일 때에는 사주 속에 관살이 있거나 관살운을 만나야 사주가 길해진다. 그것은 재생관財生官, 관생인官生印하여 오행이 일기상통一氣相通하여 조화되기 때문이다.

✚연 : 甲申   월 : 壬申   일 : 乙巳   시 : 戊寅
　대운 : 癸酉, 甲戌, 乙亥, 丙子, 丁丑, 戊寅

　이 사주는 중국의 제상宰相을 지낸 사주이며, 일간의 을목乙木이 칠월[申月]에 출생하고 사주에 재성과 정관正官이 많아 신약身弱이다. 그러나 월간月干의 인수印綬가 일주日柱 및 그 동기同氣를 생하고 있다. 시간時干의 정재正財가 인수를 파극破剋할 듯하나 갑을목甲乙木이 이를 막고 신금申金이 오행 상생의 원칙에 의해 토생금 금생수土生金 金生水하여 인수印綬와 정재正財 사이를 소통疏通시키고 있다. 따라서 신약사주에 정관正官이 왕성旺盛하여 인수印綬가 용신用神인데 인수가 강렬하여 사주팔자가 대길해졌다. 초년 계유癸酉 대운은 유금酉金이라 일주日柱를 극剋하고 해害하여 불길不吉한 것 같으나 사주의 임수壬水가 金을 水로 화하게 하여 오히려 좋아졌다. 갑목甲木운은 乙木의 동기同氣임으로 길운吉運이다. 술토戌土운은 토운土運임으로 용신인 임수壬水를 극해서 불길할 것 같으나 연과 월지의 신금申金이 상생유통相生流通시켜 대과大過 없이 지냈다. 을해乙亥운 이후는 용신이 왕성해져서 대길大吉하며 그 벼슬이 재상宰相에까지 이르렀다.

-. 사주에 관살官煞과 식상食傷이 있을 때 우선 신강身强 여부를 확인해야 한다. 그 다음에 식신, 상관食傷과 관살官煞의 강약强弱을 비교하여, 관살이 약하면 정재, 편재 또는 정관, 편관으로 용신을 삼고 관살이 강하면 식신, 상관으로 용신을 삼는다. 신강身强에다 관살과 식상 양쪽이 왕성하도록 십이운성에서 건록, 제왕이 도와주면 아주 극귀極貴할 팔자이다. 또한 신약身弱이면 극루교가剋漏交加라 하여 대단히 가난하거나 요사夭死할 팔자이다.

✚ 연 : 乙亥 월 : 乙酉 일 : 乙卯 시 : 丁丑
　대운 : 甲申, 癸未, 壬午, 辛巳, 庚辰, 己卯

이 사주는 청나라에서 이품二品 벼슬을 한 사주이다.
팔월[酉月]생이 을목乙木이나 연지의 해수亥水가 상생하고 비견比肩이 많아 신강身强이다. 일주의 乙木을 치고 오는 편관칠살偏官七煞인 유금酉金은 월령月令에 있어 왕성한데다 시지의 丑土와 삼합하여 그 기세가 왕강旺强하다. 고로 시간의 식신食神으로서 편관칠살偏官七煞을 억제하여야 하는데 중년 대운이 화왕지지火旺之支라 그 관운官運이 중천中天한 것이다.

―. 왕성한 관살官煞을 식신, 상관[食傷]이 억제抑制하고 있는 사주에 정재, 편재 또는 인수, 편인이 있을 때가 있다. 이 경우 재성財星과 식상이 있어 식상생재食傷生財 재생관살財生官煞해서는 식상이 그 역할을 못하므로 불길하며 또 인성印星이 식상을 억제해서도 안 된다.

✚ 연 : 壬午 월 : 癸卯 일 : 己巳 시 : 辛未
　 대운 : 甲辰, 乙巳, 丙午, 丁未, 戊申, 己酉

이것은 진나라의 무관 대장武官大將의 사주이다.

연간과 월간의 正財, 偏財가 월지묘목月支卯木인 편관偏官을 생하고 있다. 시간의 食神이 偏官을 억제하고 있으며 일간의 己土는 연지 오화午火에 십이운성에서 건록健祿이 되고 일지 사화巳火에 제왕帝旺이 되며 시지의 미토未土의 정기正氣가 기토己土라 뿌리가 있어 유근有根이 되었다.

고로 신강身强, 살강煞强, 식재食財의 대귀大貴한 사주이다. 만일 이 사주가 임오壬午년 신미辛未시가 아니라 辛未년 임오시라면 식신食神은 가까이 있는 계수癸水인 재성財星에 흡수되어 식신생재食神生財, 재생살財生煞하여 식신食神의 작용을 못하게 되었을 것이다. 또 천간에 丁火가 투출透出되어 있었다면 丁火가 辛金을 억제하여 식신의 작용을 못하게 하였을 것이다.

무관 대장의 사주는 식신이 시간에 솟아 재성財星과 멀리 있음으로써 식신의 작용을 충분히 할 수 있게 되었고 丁火도 투출되지 아니할 뿐 아니라 午巳火가 壬癸水에 억제抑制되어 辛金을 극하지 못하므로 사주팔자가 길한 것이다. 식신이 편관에 비해 좀 약하므로 용신用神은 식신이다. 초년운은 대운에서 火, 土운이므로 불길하였으나 사십오 세 이후 土金운에는 용신이 생조生助하여 무관 대장의 중임重任을 맡았다.

  ㅡ. 관살官煞을 식신, 상관食傷이 억제하고 있는 사주에 있어 관살은 약하고 식상이 왕성하면 앞의 경우와 반대로 재성財星이 관살官煞을 생하거나 인수印綬가 식상을 억제해야 사주가 길하다.

✚연 : 壬辰 월 : 甲辰 일 : 丙戌 시 : 戊戌
　대운 : 乙巳, 丙午, 丁未, 戊申, 己酉, 庚戌

이것은 사주추명학에 게재揭載되어 있는 탈탈승상脫脫丞相의 사주이다. 사주에 土가 중첩重疊되어 제살태과격制煞太過格이다. 이 사주의 귀한 데는 연간의 칠살七煞이 식신에 의해 지나치게 억제되어 있으나 진토辰土의 중기中氣에 水가 있어 壬水가 유근有根이며 또 월간의 甲木이 시간의 戊土와 연간의 壬水 중간中間에 있어 서로 극함을 방지하고 있는 점이다. 또한 편인偏印인 甲木은 壬水가 생하고 三月은 나무[木]가 잘 자라 성盛하는 절기節氣임으로 왕성한데 편인은 식신을 억제하고 壬水를 보호하며 일주를 강하게 하고 있다.

고로 용신은 甲木이다. 乙巳・丙午・丁未 대운은 용신用神인 편인偏印과 신왕의 운임으로 대길하다. 그러나 戊申대운 이후는 土와 金이 용신인 甲木을 극해剋害함으로 흉운이다.

이상 설명한 관살을 다시 분류하면 다음과 같은 다섯 가지 유형으로 구분할 수 있다.

(1) 재자약살격 財滋弱煞格
(2) 살중용인격 煞重用印格
(3) 식상제살격 食傷制煞格
(4) 제살태과격 制煞太過格
(5) 관살혼잡격 官煞混雜格

1) 재자약살격 財滋弱煞格

사주팔자 중의 관살官煞이 약하면 정재, 편재로 이를 도와주어야 할 팔자가 길해진다.

✚ 연 : 己酉　월 : 丙寅　일 : 庚申　시 : 庚辰
　대운 : 乙丑, 甲子, 癸亥, 壬戌, 辛酉, 庚申

1월[寅月]생이 일간日干에 庚金임므로 원래 쇠약衰弱할 것이나 월주月柱의 병화丙火와 인목寅木을 제외하고는 전부가 일주日柱를 도와주는 土와 金이므로 신강身强사주이다. 만약 丙火가 寅木을 보호保護하지 않았더라면 월지月支의 인목寅木은 왕성한 金[酉庚申金]에 의해 파극破剋되었을 것이며 丙火

또한 寅木이 생하여 도움을 주지 않았더라면 극히 무력했을 것이다.

즉약한 살[弱煞]이 재성財星에 의해 도움을 받고 있다. 甲子 대운은 寅木을 보강補强함으로 만사여의萬事如意하고, 癸亥 대운은 丙火를 극해剋害하나 寅木을 생조하므로 학업學業에 전념할 수 있었다. 壬戌대운은 金氣를 왕성하게 하므로 형상刑傷을 여러 번 당했고, 辛酉대운에는 사망 졸卒하였다. 이 사주의 관살이 비록 약하나 財星이 생조하고 있어 원래 귀격인데 애석哀惜하게도 대운이 서쪽에 있는 강한 금과 북방의 차가운 물, 즉 서북금수西北金水이므로 불행한 일생을 마쳤다. 만일 동방의 자라나는 나무와 남방의 나무를 태워 줄 수 있는 불[火], 즉 동방목화東南木火 대운을 만났더라면 과거科擧에 급제及第하여 귀인이 되었을 것이다.

✚ 연 : 丙申   월 : 庚寅   일 : 庚申   시 : 辛巳

　대운 : 辛卯, 壬辰, 癸巳, 甲午, 乙未, 丙申

비록 1월[寅月]생 경금庚金이나 십이운성에서 건록健祿이 연과 일 양兩 지지에 있고 천간天干에 庚金과 가을의 금, 즉 추금秋金이 있어 신왕이다. 그런 고로 앞의 사주와 같이 재자약살격財滋弱煞格이다. 巳火 대운은 용신인 丙火가 왕성하므로 과거에 급제하고 다음 甲午, 乙未 대운에는 木火가 왕성하여 그 벼슬이 관찰사觀察使에 이르렀다.

2) 살중용인격煞重用印格

사주에 관살이 많다고 판단될 때는 편관이나 정관[官煞]을 억제하는 식신이나 상관은 용신이 될 수 없다. 왜냐하면 사주에 관살이 많으면 신약사주가 되는데 식신食神이나 상관傷官도 일주의 기운을 누설漏泄시키는 것이므로 식신, 상관이 있으면 더욱 일주日柱를 약하게 만들기 때문이다.

그런 고로 사주에 관살이 많으면 印綬 또는 偏印으로써 쇠약한 일주의 기운을 도와 왕성하게 하여 관살생인官煞生印, 인생일주印生日柱하도록 하여야 일주가 생조生助를 받아 왕성하게 하도록 하는 것이 중요한 것이다.

즉, 관살이 많으면 인성印星으로 용신用神을 삼는다는 것이다. 이런 타입의 사주를 살중용인격煞重用印格이라 하는 것이다.

✚ 연 : 戊子   월 : 乙卯   일 : 戊午   시 : 乙卯
　 대운 : 乙卯, 丙辰, 丁巳, 戊午, 己未, 庚申

태어난 날의 무토戊土 일주日柱가 乙卯월, 乙卯시에 태어났음으로 네 개의 관살官煞에 의해 극을 당하고 있어 왕성旺盛한 木에 기운을 火土[불과 흙]로 서로 생하고 화합하게 하여 일주인 戊土를 생조生助하고 있다. 즉 午火가 태어난 날 일주를 적대하고 있는 군살群煞을 제압하고 움직여 화합하여 줌으로써 일주를 부조扶助할 수 있도록 하는 것이다.

연지의 子水가 午火를 冲하려 하나 중간에 卯木이 가로막아 이를 木으로 화하게 하고 있다. 더욱 길한 것은 대운이 또한 火土[불과 흙]운을 만난 것이다. 고로 일찍부터 과거에 급제하여 관가官家에 명성을 떨쳤다.

3) 식상제살격 食傷制煞格

사주가 신약身弱이 아니고 관살이 왕성旺盛할 때에는 식신 또는 상관으로 관살을 억제하여야 팔자가 아주 좋아진다. 이런 형태의 사주를 식상제살격食傷制煞格이라고 한다.

✚ 연 : 辛酉   월 : 庚辰   일 : 甲戌   시 : 丙寅
　대운 : 辛巳, 壬午, 癸未, 甲申, 乙酉, 丙戌

3월[辰월]은 아직도 봄철이라 甲木은 약한 나무가 아니다. 그러나 庚金이 같은 기운을 도와줄 수 있는 동기가 많아 힘을 얻고 있는데다 진토辰土와 무토戊土에 의하여 상생되어 그 기운이 심히 왕성하다.

고로 甲木이 庚金에 의해 벌목伐木을 당하여 베어질 지경에 이르러 있다. 그러나 시지를 보면 시지에 寅木이 있어 일주의 甲木이 뿌리가 단단할 뿐 아니라 사주가 묘하게도 시주 천간에 丙火가 투출透出하여 관살을 억제하고 甲木을 부조扶助하고 있다. 그런 고로 용신은 丙火이다.

초년 시절인 午火대운에 寅午戌 火局이 삼합되어 보통고시에 합격하였다. 甲申, 乙酉대운은 庚金이 십이운성에서 녹왕지지祿旺之地이므로 다다한 형상刑賞을 면하였으나 丙戌 대운에는 火氣운이 다시 성해 그 벼슬이 지현至賢에까지 올랐다.

4) 제살태과격 制煞太過格

제살태과격이란 사주 속에 관살[正官·偏官]을 식신食神, 상관傷官이 지나치게 억제抑制하여 그 기운을 뜻대로 펴지 못하게 한 것인데 이런 형태의 사주는 관살운官煞運 또는 식상운食傷運을 제거除去하는 인성印綬 또는 偏印을 만나야 길하다.

✚ 연 : 辛卯   월 : 戊辰   일 : 丙辰   시 : 己亥

　대운 : 丁酉, 丙申, 乙未, 甲午, 癸巳, 壬辰

이 사주는 시지에 홀로 편관偏이 있을 뿐인데 이것을 네 개의 食神, 傷官이 심히 억제하고 있다. 食傷을 견제할 卯木이 연지에 있으나 3월의 절기에 해당되어 제 기운을 충분히 편다 하여도 약하다. 연간이 辛金에 의하여 억압당하고 있다. 그러나 乙未 대운에 이르러 亥卯未 삼합되어 木局으로 食神, 傷官을 억제하니 과거에 급제하여 명성을 떨치게 하였으나 甲午대운에는 甲木이 시간의 己土와 간합干合하여 土로 火生土하여 생하고 午火가 土를 생하니 편관偏官인 亥水를 더욱 억제하여 여러 번 상복喪服을 입더니 기사己巳년에는 亥水에게 충거冲去당하여 졸망卒亡하였다.

5) 관살혼잡격 官煞混雜格

관살혼잡격이라 하면 사주 속에 正官, 偏官이 혼합混合되어 정관이 천간이나 지지에 두 개가 있고 지지에 편관이 한 개 또는 두 개가 있을 경우와 이와 반대로 편관이 천간에 두 개나 한 개가 있고 지지에 정관이 두세 개 있을 때즉 正官, 偏官이 혼잡되어 있을 때 이런 사주를 관살혼잡격官煞混雜格이라 한다.

일반적으로 관살혼잡격은 정관이면 정관, 편관이면 편관만 있는 격이 낮은 사주로 인식될 수 있다.

그러나 이것은 신약사주일 때 관살이 너무 왕성할 때이고 관살이 약할 때에는 관살이 혼합混合 되어 있어도 무방하다.

✚ 연 : 丙辰   월 : 丙申   일 : 庚午   시 : 戊寅
　대운 : 戊戌, 己亥, 庚子, 辛丑, 壬寅, 癸卯

이 사주는 연간의 편관偏官이 일지의 午火에 십이운성에서는 제왕帝旺이 되고 寅木에 장생長生이 되며 월간의 偏官은 午火의 제왕이 되어 偏官 모두 왕성하다. 그러나 신월7월금이 왕성한 절기에 태어났고 연지의 촉촉한 습토濕土인 3월[辰]이 火에 누화생금漏火生金 당하여 신약이긴 하나 왕성한 관살과 중화中和 되어 있다.

그런 고로 庚子대운에 관살을 억제하고 과거에 급제하여 명성을 사방에 떨치고 辛丑대운에는 관가에서 빼놓을 수 없는 중요한 인물이 되어 부귀영화富貴榮華를 누렸다.

【5-2】 재성財星

　재성財星은 정재正財와 편재偏財를 말하며, 즉 재물財物이라고 말할 수 있다. 그러나 더 나아가서는 정처正妻인 아내를 뜻하며 외처外妻, 정부를 뜻하기도 한다.

　또한 사업事業이나 상업商業·유통流通·재물財物의 변동變動 등으로도 적용되고 있으며 금전 면에서는 입출入出이 빠른 것이 흠이 될 수 있다.

　육신표六神表에서 정재와 편재를 말함이다. 즉 정재나 편재는 육신六神의 성격상 그 성질이 비슷하거니와 오행에서도 동일하게 표현된다.

　예를 들어 보면,

　－. 일주가 강하고 관살官煞이 약할 때는 정재나 편재[財星]가 사주에 있어서 관살을 상생相生으로 도움을 주어야 사주팔자가 길하다.

✚연 : 乙亥　월 : 甲申　일 : 辛酉　시 : 丁丑
　대운 : 癸未, 壬午, 辛巳, 庚辰, 己卯, 戊寅

　7월[申月] 金이 왕성한 7, 8월인 금왕지절金旺之節에 출생하였을 뿐만 아니라 시지의 습토濕土가 토생금土生金하고 일지에 12운성에서 건록健祿을 만났음으로 지나치게 신강身强하다.

　그 반면에 甲乙 두 개의 재성財星이 시간의 정화丁火를 상생하여 편관偏官의 부족한 기운氣運을 보충하고 있다.

　그런 고로 팔자가 대길하다.

-. 태어난 일주日柱가 강하고 식신, 상관이 강성强盛하여도 재성이 다시 식신, 상관의 기운을 누출漏出시켜야 사주가 항상 활기를 띠고 살아 있어 꺼지지 않는 사주로 팔자가 아주 길하다.

✚ 연 : 癸卯 월 : 辛酉 일 : 庚子 시 : 庚辰
대운 : 辛酉, 壬戌, 癸亥, 甲子, 乙丑, 丙寅

초가을[初秋] 金이 왕성旺盛한 금왕지절金旺之節에 월주와 시주의 비견, 겁이 일주의 내 몸을 도와주고 있어 신강身强사주이며 食神, 傷官은 申子辰 삼합하여 삼중三重하고 연간年干에 癸水가 투출透出되어 아주 강하다.

그런 고로 사주가 빼어나게 기가 왕성旺盛하여 우수한 사주다. 연지의 卯木, 즉 재성財星이 다시 食神, 傷官의 기운을 흐르게 하여 사주가 꺼지지 않는 불火, 즉 생생불식生生不息하여 아주 대길하다.

-. 태어난 날 일주日柱가 강성强盛할 때는 인수印綬와 편인偏印은 불필요한데 사주에 불필요한 인성印星이 있을 때 이 인성을 억제하는 것은 정재, 편재, 즉 재성財星의 역할役割이다. 정재, 편재가 불필요한 인성印綬, 偏印을 제거시켜 줌으로써 사주가 맑아지며 팔자가 길하게 된다.

✚연 : 甲辰　월 : 戊辰　일 : 辛酉　시 : 甲申
　대운 : 己巳, 庚午, 辛未, 壬申, 癸酉, 甲戌

　　태어난 날 일주日柱 신금辛金은 일지나 시지에서 양陽과 음陰인 酉金과 申金이 12운성에서 제왕帝旺과 건록健祿을 얻어 신강身强사주가 되었다. 연지와 월주의 戊辰土는 여기서 불필요한 인성이 된다.
　　왜냐하면 신유辛酉 일주로 비견比肩에 시지의 申金이 겁재劫財로 도와주고 있는데다 연간과 시간의 두 개의 甲木은, 즉 편재偏財가 戊辰土토를 억제抑制하여 사주가 맑아져서 불길한 숙명은 면한 사주이다.

【5-3】 인성印星

- 인성은 인수印綬와 편인, 양자를 말한다.
　　인수와 편인은 육신六神의 성정性情상 서로 그 성질이 다르나 오행상으로는 동일하게 취급되며 음과 양이 다른 차이점뿐이다. 오행으로 볼 때 그 성질은 다음과 같다.
- 일주日柱가 약할 때 인수나 편인, 즉 인성印星이 있어야만 일주를 생조生助하여 팔자가 좋아진다. 그러나 반대로 일주가 왕성旺盛하여 신강身强일 때는 인성이 있으면 신강이 더욱 신강하게 되어 사주가 혼탁混濁해져서 팔자가 불길不吉하다.

✚연 : 丙寅   월 : 辛亥   일 : 戊子   시 : 丁卯
　대운 : 庚戌, 己酉, 戊申, 丁未, 丙午, 乙巳

태어난 일간日干 무토戊土가 10월[亥月] 수기水氣가 다음 연도年度의 절기節氣로 바꾸기 위하여 왕성해지는 수왕지절水旺之節에 출생하고 시지의 卯木이 강江 건너에 있으나 해묘亥卯가 삼합하여 목국木局을 이루고 亥子가 합하여 수국水局과 재물에 대한 재살성국財煞成局을 이루고 있다. 재관財官이 지나치게 왕성旺盛하여 약한 신약사주이다. 다행히 연간과 시간의 인성印星이 일간의 戊土를 생하여 길할 팔자이다.

- 일주日柱가 약하고 관살官煞이 심히 강할 때에는 특히 인성이 있어야만 부귀富貴할 수 있는 사주가 된다. 반면 관살이 약할 때에는 인수印綬가 있으면 관살이 더욱 약해져서 팔자가 불길하다. 이것은 관살에서 설명하였으므로 예를 생략한다.
- 일日柱가 약하고 식신食神 또는 상관傷官이 성盛할 때 인수와 편인, 즉 인성印星이 사주에 있거나 인성이 대운大運을 만나야 팔자가 길하다. 그것은 인성이 왕성한 식상食傷을 억제하거나 또는 약한 일주日柱를 생조生助하기 때문이다.

✚연 : 甲子   월 : 甲戌   일 : 丁丑   시 : 甲辰
　대운 : 乙亥, 丙子, 丁丑, 戊寅, 己卯, 庚辰

이 사주는 우리나라 건국 초기에 모 부의장을 지낸 분의 사주이다. 일지와 월지, 시지에 食神 및 傷官이 왕성한데 반하여 일주 정화丁火는 월지 무토戌土와 丑土 중에 미약한 뿌리 미근微根이 있을 뿐이다. 그런 고로 신약身弱사주이나 연·월·시간時干의 세 갑목甲木이 있어 丁火를 생하고 토土를 억제 抑制하여 신약身弱사주를 면했다. 인목寅木대운에는 용신用神이 왕성旺盛하여 일약一躍 부의장이 되었고 정계政界의 중진이 되었으나 庚辰대운 후에는 庚金이 甲木을 억제하고 食傷이 성하여 정계에서 은퇴하였다.

【5-4】식상[食神, 傷官]

식상食傷은 육신六神 중에서 식신食神과 상관傷官을 말한다. 식신 및 상관은 오행五行상 그 성질을 같이 볼 수 있으며 주로 일주日柱에 상관이 있거나 식신이 있으면 자기의 기氣를 설기하여 신약身弱사주를 만들어 주는 것이 특징이다.

- . 일주日柱가 강성强盛하여 정재正財나 편재偏財, 즉 재성財星과 관살 官煞이 대단히 무력할 때는 왕성한 일주의 기운氣運을 식신 또는 상관의 기운으로 누출시켜야 한다. 이를 기를 빼어낸다 하여 수기유행 秀氣流行이라고 한다.

일주가 강한 것은 좋으나 이 왕성한 기운을 누출漏出시킬 수가 없으면 사주가 혼탁混濁해지니 기를 누출시켜야 사주가 맑아져서 길한 팔자가 된다.

✚연 : 丁酉　월 : 乙未　일 : 己丑　시 : 己巳
　대운 : 癸卯, 壬寅, 辛丑, 庚子, 己亥, 戊戌

　이 사주는 사주 속에 세 개의 토土와 두 개의 화火가 있어 토기土氣가 왕성하다. 월간에 乙木이 있으나 월령月令이 6월이라 木이 왕성한 시기는 이미 지났다. 고로 乙木, 즉 편관을 용신用神으로 삼기는 너무나 약하다.
　다만 왕성한 토기를 누설시키는 것만이 오행상의 중화中和를 얻을 수 있다. 따라서 용신은 연지의 유금酉金, 식신食神이다. 유금은 辰土와 육합六合하여 왕성해져서 용신도 강하다. 초년初年 癸卯, 壬寅대운에는 용신이 유금과 서로 극이 되어 공명을 얻지 못하고 형상刑賞을 여러 번 당하였으나 辛丑대운은 용신운이라 과거科擧에 급제한 후 그 벼슬이 계속 상승하여 지금의 장관長官에 이르렀다.

　－. 사주가 신강身强하고 정재, 편재가 약할 때에는 식신, 상관, 즉 식상食傷이 사주에 있거나 식상食傷대운을 만나면 식상이 재성財星을 생하여 사주가 대길해진다.

✚연 : 己亥　월 : 辛酉　일 : 戊午　시 : 丁卯
　대운 : 壬戌, 癸亥, 甲子, 乙丑, 丙寅, 丁卯

　이 사주는 시주時柱와 일지日支의 火가 土를 생하여 신강身强사주이다.
　연지에 있는 亥水, 즉 재財는 왕토旺土에 눌려 심히 미약微弱하다. 그러나 월주의 간지 모두가 상관이 왕성하여 戊土의 왕성한 기운氣運을 金으로 火

하게 하고 이것이 다시 水氣를 생하여 도와주었다. 그런 고로 비록 유산遺産
은 미약했으나 甲子 乙丑대운에 木이 土를 억제하고 子丑이 水氣를 도와
부자가 되었다.

그러나 丙寅대운에는 火氣가 土를 생조生助하고 상관을 억제하여 50대
후반에 졸卒하였다.

- . 사주에 신강身强하고 관살官煞이 왕성한 사주에 있어서 식신, 상관
  즉 식상食傷이 관살을 억제抑制하면 부귀富貴한다.
- . 식신과 상관이 있는 사주에서 정관, 편관 즉 관살官煞이 사주 속에
  있거나 관살운運을 만나는 것을 꺼리며 서로 피하나, 이것은 모든
  식상격食傷格이다. 그런 것이 아님으로 일률적으로 말할 것은 아니
  며 격에 따라 다르다는 것을 알아야 한다.

이것을 예를 들어 보면 다음과 같다.

1) 식상용인격 食傷用印格

즉 사주에 식신, 상관이 많으면 사주가 심히 약하다. 그런 고로 이런 사주는
인수印綬나 편인이 사주에 도움을 주어야 부귀해진다.

반대로 정재나 편재 또는 식신이나 상관을 만나면 쇠약한 사주가 더욱 약
해지기 때문이다. 이러한 사주를 타고난 사람들은 주로 가난하게 산다.

2) 식상용식상격食傷用食傷格

이 식상용식상격이란 사주의 일주日柱를 중심으로 하여 인수印綬나 편인偏印 또는 비견比肩, 겁재劫財가 중첩重疊되어 있을 적에는 사주가 아주 강한 극신강極身强 사주로 짜여져 오행이 편중되어 있는데 이럴 때는 식신이나 상관운을 만나 막힌 기를 설기泄氣시켜야만 기가 돌아 부귀하게 된다는 것이다.

3) 식상생재격食傷生財格

식상생재격이란 사주의 일주日柱가 비견比肩이나 겁재劫 또는 인수나 편인으로 강한 사주로 되어 있으나 내가 치고 나갈 재성財星, 즉 정재나 편재가 없고, 식신, 상관만 있는 경우인데 이런 경우에는 식상食傷대운을 만나면 부귀하나 비겁이나 인성을 만나면 사주가 다시 탁濁해져서 빈천貧賤한 사주가 된다.

【5-5】 비겁比劫

비겁比劫은 앞에서도 설명한 바와 같이 비견, 겁재를 말함인데 비견이나 겁재 또는 인수나 편인이 일주에 있게 되면 일주가 강하다. 그러나 반면 재성이나 관성이 또는 식상까지도 일주日柱를 차지하고 있으면 약하다.

이럴 때는 오로지 일주에 따라 비견이면 비겁이 와야 되고 인수印綬면 인성印星이 와야 일주를 생조生助하여 일주가 강해진다는 것이다.

특히 재다비인財多比印의 용신법用神法에서와 같이 재가 많아 심히 약한 사주에서 인성印星으로 용신을 삼아 생조하는 것도 있으나 재성財星에 의해서 파극破剋을 당할 수도 있다. 이러한 때에는 인성印星보다 동일한 오행인 비겁比劫이 와서 조신助身하여야 더욱더 좋은 효과를 얻을 수 있다.

【5-6】 기타 격국格局

1) 종살격 從煞格

사주의 육신 중 관성이 대부분 차지한 경우일 때.

2) 종재격 從財格

사주의 육신 중 정재와 편재가 대부분 차지한 경우일 때.

3) 종아격 從兒格

사주의 육신 중 식신과 상관이 대부분 차지한 사주.

4) 강왕격 强旺格

사주의 일간을 돕게 하는 비견이나 겁재·인수·편인이 많은 사주.

5) 화토격 化土格

甲木이 일주일 경우 월간이나 시간에 己土가 있어 간합干合이 될 경우와 월지 및 시지에도 辰戌丑未의 土가 있을 경우 간합으로 오행이 바뀌게 되는데 이런 경우를 화토격이라고 한다.

6) 화금격 化金格

乙木이 월간이나 시간에 庚金을 만나거나 월지 및 시지에 申金이나 酉金을 만나거나 아니면 지지 중 세 개의 지지가 巳酉丑 삼합을 이루고 金局이 되어 있는 경우를 화금격이라 한다.

7) 화수격 化水格

일간이 丙火일 경우 월간이나 시간에 辛金이 있거나 또는 일간이 辛金이거나 월간이나 시간에 丙火가 있으며 월지나 시지에 수기水氣, 해자亥子가 있을 경우 이것을 화수격이라 한다.

8) 화목격 化木格

일간이 丁火일 경우 월간이나 시간에 해당되거나 일간이 壬水이거나 월간이나 시간에 丁火가 있을 때 월지나 시지에 木星[寅, 卯]이 차지하고 있는 경우.

9) 화화격 化火格

일간이 戊土일 경우 월간이나 시간에 癸水가 있고, 일간이 癸水일 경우 월간이나 시간이 戊土일 경우, 월지나 시지에 火星巳·午이 있을 경우.

10) 가색격 稼穡格

土星[戊己]일에 태어나 지지에 辰戌丑未의 土局 방합을 이루었을 때 사주에서 기운을 빼내는 목성이 없을 때.

11) 수목상생격 水木相生格

水와 木, 木과 水가 천간지지에 두 개가 있을 경우.

12) 목화상생격 木火相生格

木火, 火木의 두 간지가 있을 경우.

13) 화토상생격 火土相生格

火土, 土火의 두 간지가 있을 경우.

14) 토금상생격 土金相生格

土金, 金土의 두 간지가 있을 경우.

15) 금수상생격 金水相生格

金水, 水金의 두 간지가 있을 경우.

16) 목토상극격 木土相剋格

木土, 土木이 두간지에 함께 있고 서로 극할 때.

17) 토수상극격 土水相剋格

土水, 水土의 두간지가 함께 있고 서로 극할 때.

18) 수화상극격 水火相剋格

水火, 火水의 두간지가 함께 있고 서로 극할 때.

19) 화금상극격 火金相剋格

火金, 金火의 두간지가 함께 있고 서로 극할 때.

20) 금목상극격 金木相剋格

金木, 木金의 두간지가 함께 있고 서로 극할 때.

21) 비천록마격 飛天祿馬格

태어난 날짜가 庚子·辛亥·壬子·癸亥로서 사주에 생일지生日支와 같은 지지가 3개 이상 있을 때 격이 성립되는데 실제로는 사주에 없는 오행을 冲 또는 합을 만들어 암암리에 적용하여 암합격暗合格 또는 암충격暗冲格이라고도 한다. 예컨대 일주가 庚子 일주인 경우 사주지지에 子水가 3개 이상 있으면 冲이 작용하여 실제로는 있을 수 없는 午火가 나타나 子午冲이 되듯이 午는 火이므로 庚金 일주에서 보면 관성官星이 됨으로 사주의 중심을 잡아 주는 관성으로 결정할 때 비천록마격飛天祿馬格이라 한다.

22) 도충록격 倒冲祿格

丙午나 丁巳일에 태어난 사람이 여름철 巳·午·未월에 태어나 사주 중에 午火나 巳火가 3개 이상 들어 있을 때 이 격을 적용한다. 예를 들어 午火가 冲하면 子水를 낳고, 巳火가 冲하면 亥水를 낳는데 어느 것이나 水星, 즉 관성官星이 되기 때문에 중심이 되는 이치이다.

23) 정란사격 井欄斜格

태어난 날짜가 庚申?庚子?庚辰에 해당하고 사주의 지지에 申子辰 삼합국이 들어 있을 때 이 격에 해당된다. 이 水局은 寅午戌 三合 火局을 암암리에 冲하여 다시 火氣를 낳는다. 庚金에서 午火나 巳火를 만났을 때 역시 관성官星이다. 그럼으로 중심이 되는 이치이며, 정井이란 우물을 말하는데 물은 金을 뿌리로 하여 흐르는데 庚金에 신자진 申·子·辰 삼합 水局으로 물이 비스듬히 흐르는 빗금을 삼합인 삼각형의 사선을 표현한 용어로 생겨났다고 보는 것이다.

24) 임기용배격 壬騎龍背格

태어난 일간이 壬水인 사주에 辰土가 많은 경우 이 격을 적용한다. 원리에 따르면 진술축미辰·戌·丑·未로 辰土는 戌土와 서로 冲이 되는 것으로 설령 사주에 戌土가 없더라도 戌土가 생기며, 戌土에 암장暗藏되어 있는 丁火 또는 戊土는 壬水에서 보면 財星[壬, 丁]이며 戊土[戊, 壬]는 官星이 된다. 그래서 두 길성吉星 중 관성官星이 중심이 되는 것이며, 만약 여기에서 寅木이 하나만 더 있다면 寅午戌 火局을 이루는데 壬水에서 보았을 때 중심성中心星이 재성財星으로 바뀌며, 결국은 壬水 일간에 출생하여 사주지지에 辰土가 많으면 관위官位가 되며, 寅木이 많으면 재위財位가 된다.

25) 자요사록격 子遙巳祿格

甲子일, 甲子시에 출생한 사람이 사주 중에 庚辛金과 申·酉·丑·午가 없는 조건이 되어야 하며, 즉 子水의 장간藏干은 정기正氣가 계수이며, 癸水는 戊土와 간합[合化火丁]하고 戊土를 암장하고 있는 지지는 巳火이며 건록建祿인 것이다.

즉 건록인 戊土는 곧 偏財癸水, 丁火 = 편재가 되고, 또한 巳火에 丙火도 암장되어 있어서 시는 食神에 해당되기 때문이다. 그런 고로 子水와 편재偏財와 巳火와 식신食神이 녹祿을 함께 얻은 기묘奇妙한 형태의 격이다.

26) 비재격 飛財格

일간과 월간의 오행이 같은 경우이며, 일주와 시지가 같은 경우에 성립이 된다. 이때 서로 상충하는 지지를 찾아내어 그 십이지지 중의 장간藏干이 재성에 해당될 때 그것을 중심으로 삼는다.

27) 파관격 破官格

사주의 특성상 어느 격에도 해당되지 않을 때 일지日支의 장간藏干이 극하는 12지를 구하여 관성官星을 성립시켜 중심으로 삼는다.

> **예문**
> 계묘癸卯 일주인 경우 卯木은 午의 장간藏干 己土를 극하고 이 己土는 癸水에서 보았을 때 偏官임으로 격이 성립된다.

28) 파재격 破財格

위의 파관격처럼 원칙은 같으며, 오직 암장暗藏된 재성財星을 찾아내어 중심으로 삼는다.

29) 축요사록격 丑遙巳祿格

일간이 辛丑이나 癸丑으로서 사주의 지지에 丑土가 많고 정관, 편관官星이 없는 조건이어야 한다. 축토丑土 水局은 巳火를 극하고 巳火가 암장暗藏한 丙火는 辛金에서 보면 정관正官이 된다. 또한 巳火가 암장한 戊土를 癸水에서 보면 역시 정관이다. 丙火와 戊土는 巳火에는 건록建祿임으로 녹祿이 된다.

30) 충합록마격 冲合祿馬格

사주 중에 관성官星이 전혀 없고 암충暗冲이 실제로는 없는데 있는 것처럼

沖하는 것을 말함인데 예컨대 子水는 없는 午火를 沖하고 丑土는 없는 未土를 沖하는 것처럼 하여, 그 지지가 건록建祿인 경우 그 장간藏干을 중심으로 한다.

31) 형합득록격 刑合得祿格

일간이 癸水이고 甲寅시에 태어나서 사주 속에 戊己의 正官, 편관이 없는 경우에 이 격이 성립된다. 寅木은 巳火를 형살刑煞하고 巳火의 장간인 戊土는 건록이며 癸水에서 戊土는 정관正官이다.

32) 호오분사격 虎午奔巳格

일간이 辛金이나 癸水가 지지에 寅木이 들어 있을 경우 丑은 巳火와 암합暗合하고 있다. 또한 寅木은 巳火와 암형暗刑하고 있어 형합刑合된 巳火의 장간은 丙火와 戊土이다. 때문에 丙은 辛金의 正官이요, 戊土는 癸水의 정관이다. 그런고로 이것이 중심성中心星이다.

33) 육갑추건격 六甲趨乾格

일간이 甲木이고 시지에 亥水가 있는 경우를 조건으로 하는 격이다. 亥水는 甲木의 장생長生에 해당됨으로 亥水의 장간인 壬水는 甲木에서 보면 편인偏印이고 壬水와 亥水는 건록이 된다. 이런 사주는 신강사주身强四柱가 되며 일간과 시지에 의해서 짜여지는 격국格局을 제좌격帝座格이라고도 한다.

34) 육임추간격 六壬趨艮格

일간이 壬水이고 시지가 寅木에 출생한 경우를 말하며, 寅木은 亥水와 암합하고 亥水는 壬水에 대하여 건록이기 때문이다.

35) 육을서귀격 六乙鼠貴格

일간이 乙木이고, 시지가 寅木에 출생한 경우를 말하며, 乙木은 子水의 장간藏干인 壬水을 보고 인성印星이 되며, 천을귀인天乙貴人이 해당된다. 그래서 이런 사주를 귀인의 도움을 받는 사주로 여긴다.

36) 육음조양격 六陰朝陽格

일간이 辛金이며, 시주時柱가 무자시戊子時에 출생하여 사주의 지지地支에 午火가 없어야 하는 조건이다. 신금辛金은 병화丙火에 정관正官이고 계수癸水는 식신食神이 된다. 그래서 시간의 戊土는 亥水와의 간합干合 상대로서 일간日干 신금辛金이 인수印綬이고 신금辛金은 子水가 장생長生이 되어 음陰과 양陽이 서로 도와주는 격格이 되는 것이다.

37) 전식합록격 專食合祿格

일간이 戊土이며 시주時柱가 庚申시에 출생하였을 경우이고, 戊土에서 경금庚金은 식신食神이 되고, 경금庚金에서 십이운성은 신금辛金이 건록이 되어 사주가 왕성하여 신강身强사주가 된다.

38) 금신격 金申格

일간이 甲木이고 癸酉·乙丑·己巳 시주에 출생하였을 경우 밝고 민첩 敏捷하며 과단성이 있는 사주로 금신격 金申格이라 한다.

39) 귀록격 貴祿格

일간에서 시지를 대조하여 십이운성에서 건록에 해당되면 財官·食神·印綬 등이 시간에 따라올 적에 그것에 따라 명칭이 붙여진다. 이 밖에도 호환건록 互換建祿이라 하여 일간에서 보아 시지가 건록이고, 시간에서 보아 일지가 건록일 경우, 그리고 사주의 연월일시 전반에 건록이 들어 있을 경우, 명중록 命中祿에 앉아 있다고 하거나 분록격 分祿格이라 하여 연간과 일간, 일간과 월간이 같으면서 시지가 건록에 해당되면, 이런 사주를 귀록격 貴祿格이라 한다.

40) 잡기재관인수격 雜氣財官印綬格

辰·戌·丑·未의 土星 중 어느 것이든 월지로 하여 숨겨진 암장 暗藏에 財·官·印에 해당하는 오행을 살려내는 격이다. 이런 경우 辰土의 지장간 地藏干에는 乙·癸·戊가 있는데 여기 餘氣 출생이면 乙, 중기 中氣 출생이면 癸, 정기 正氣 출생이면 戊일 것이다. 이때 진토 辰土의 장간 藏干에 있는 것을 수고 水庫라 일컫는데 그것은 중기 中氣를 이루는 계수 癸水를 표준 標準하기 때문이다. 이에 따라 戌土의 장간 藏干은 辛·丁·戊로 화고 火庫에 속하고, 丑土의 장간 藏干은 癸·辛·己로 금고 金庫에 속하고, 未土의 장간 藏干은 丁·乙·己로 목고 木庫에 속한다. 예를 들면, 일간인 壬水가 월지인 未土에 출생하였다면 未土의 장간인 丁火를 만나면 正財, 乙木을 만나면 傷官, 己土를 만나면 正官이 된다. 이런 경우는 물론이며, 사주에 財·官·印 중심성中心星이 없을 때, 성립된다. 이 격은 하나 정도의 刑·冲煞이 있으면 자극을 받아 좋아지며, 그 힘이 辰·戌·丑·未·土星 중에 암장暗藏되어 닫혀 있는 창고의 문이 열리기 때문이다.

41) 시묘격時墓格

사주의 시지에 辰·戌·丑·未의 고庫 또는 묘墓라고도 하며, 사주에서는 주로 묘를 사용한다. 즉, 이들이 따라 붙을 경우에 격이 성립되는데 대부분에 잡기격雜氣格이나 시묘격時墓格 같은 사주는 말년운이 좋아지는 경향이 대부분을 차지하고 있다.

기타 이외에도 수십여 가지의 격이 있으나 대부분 이 정도의 격국格局만 알아도 충분히 큰 도움을 얻을 수 있으리라 믿는다.

알아둘 요점 사항

1) 용신用神은 사주에서 어떤 작용을 하는가 알아보자.
2) 각 용신用神별로 어떠한 특색을 가지고 있는가 알아보자.
3) 격국格局에서 용신과의 어떠한 도움을 서로 접接하고 있는가를 알아보자.
4) 강한 사주와 약한 사주의 차이점은 무엇인가 알아보자.
5) 격국格局에서도 성별星別, 즉 관성·재성·인성 등으로 나누어지는 격들의 구분이 어떠한지 알아보자.

제 7 장

사주(四柱)의 간명법(看命法)

01 통관법(通關法) · 227
02 중화법(中和法) · 229
03 조후법(調候法) · 231
04 한신(閑神) · 234
05 정·신·기(精·神·氣) · 235
06 진신(眞神)과 가신(假神) · 237
07 청탁(淸濁) · 238
08 유정(有情)과 무정(無情) · 240
09 기반(羈絆) · 242
10 천복길신(天覆吉神) · 243
11 길신태로(吉神太路) · 244

01 통관법通關法

　사주四柱 중에 왕성旺盛한 두 오행이 서로 대립되어 있어 어느 것이나 억제하기 곤란한 경우 이를 서로 유통流通하게 하는 육신六神으로 용신用神을 삼는 경우가 있는데 이 경우 그 용신을 통관지신通關之神이라고 한다.

　가령 정재正財와 인수印綬가 서로 대립하고 있을 때 세력이 양립兩立하여 어느 하나를 억제하기 곤란한 경우 사주의 일반 원칙과 달리 용신은 관성官星, 즉 정관正官, 편관偏官이다.

　이것을 천天上의 관내官內에 있는 직녀織女와 관외關外에 있는 우랑牛郎이 통관通關하여 동방洞房에 들어가는 것에 비유하여 통관지신이라고 한다.

✚ 연 : 己未　월 : 丁卯　일 : 丁巳　시 : 庚子
　　대운 : 丙寅, 乙丑, 甲子, 癸亥, 壬戌, 辛酉

　이 사주는 월지의 印星과 시간時干의 財星이 서로 대립되어 있다. 인성은 월지를 차지하고 또 묘미卯未가 삼합하여 왕성하다.

　시지의 정재正財 역시 己土에 의하여 생하여지고 子水의 호위護衛를 받아 왕성하다. 그런고로 용신用神은 관성官星이다. 癸亥壬대운에 관계에서 요직 要職을 지내다가 戌土운에 퇴직하고, 辛酉운 다음의 庚申운 丙寅년에 사망 하였다. 보통 이 사주를 식신생재격食神生財格 혹은 재자약살격財滋弱煞格으 로 보나 이는 잘못 본 것이다. 만일 食神을 용신으로 본다면 戌운에 어찌 퇴 직하였으며 또 財를 用神으로 본다면 財가 가장 왕성한 庚申운에 왜 졸卒하 였을까.

✚ 연 : 辛酉　월 : 戊戌　일 : 丁巳　시 : 庚寅

대운 : 丁酉, 丙申, 乙未, 甲午, 癸巳, 壬辰

-. 이 사주는 청나라의 부석산 양명剖析山 陽明의 부친의 사주이다. 양인羊刃살과 정재正財, 편재偏財가 서로 대립되어 있는데, 상관傷官이 통관지신通關之神이다. 상관인 戊土가 월의 간지를 차지하고 있어 사주가 대길하다.

　대운이 壬辰에 이르러 辰土 습토濕土가 토생금土生金하여 상관이 비견, 겁재와 정재의 사이를 유통疏通시켜 아들이 군독郡督의 자리에 올라 아들로 하여금 자신도 부귀영화富貴榮華를 누리게 되었고 신묘辛卯운에 졸卒하였다.

02 중화법 中和法

사주 중 가장 길한 것은 중화된 사주이다. 사주가 중화되면 부귀영화를 누릴 뿐만 아니라 인간의 오복을 모두 누리게 된다.

대개의 사주는 오행이 중화되지 않아서 혹은 신약하거나 혹은 용신이 부족되는 이런 사주는 용신과 화합되는 운을 만나면 안길安吉하나 일단 용신과 상반되는 운을 만나면 역경에 처하게 된다. 그러나 중화된 사주는 순운에는 대발전을 이루고 역운에도 평온 무사하게 지낼 수 있다. 중화된 사주는 사주 중의 오행의 유통에 부족됨이 없고 일간을 극루하는 육신과 생조하는 육신이 서로 중화, 평형을 이루고 있는 것을 말한다.

✚ 연 : 甲子   월 : 丙寅   일 : 戊辰   시 : 甲子

대운 : 丁卯, 戊辰, 己巳, 庚午, 辛未, 壬申

이는 당唐나라 일융溢戎의 사주이다. 정재正財와 편관偏官이 강성하나 월간의 편인偏印 또한 인寅월에 장성하고, 왕성한 정관正官을 인성印星으로 화하게 하여 재관財官이 편인과 서로 중화되어 있다. 일지의 辰土 중에 癸水가 있어 木을 생하고 있어 사주에 결함이 없다.

그런 고로 과거에 급제하여 태평세월에 재상직에 올랐으며 한평생 관운官運이 그치지 않았다.

✚ 연 : 庚申   월 : 庚戌   일 : 戊戌   시 : 戊午
　대운 : 辛巳, 壬午, 癸未, 甲申, 乙酉, 丙戌

양토陽土가 사주에 섞이지 않아서 순수하다.

한평생 관직官職에 있었으며 30여 년 동안이나 재상宰相을 지내다 팔십八十여 세 子水대운에 졸卒하였다.

03 조후법調候法

　세상의 만물은 음양의 조화에 의하여 이루어졌기 때문에 남성 또는 여성만으로는 인간 사회가 유지될 수 없듯이 물은 불이 있어야 하고 불은 물이 있어야 하며 또한 건조한 사막이나 한랭寒冷한 빙원氷原에는 생명력生命力이 존재할 수 없다.

　이와 같은 자연의 원리는 사람의 타고난 사주에도 적용된다. 음양 및 오행의 조화를 존중하는 사주추명학推命學에서 이 원칙이 적용됨은 오히려 당연하다고 해야 할 것이다.

　즉 사주상의 음양의 조화를 조후調候라고 하는 것이다.

　조후는 자연계의 천기天氣로 인한 한·난·습·조寒暖濕燥의 오행상의 조화로 볼 수 있다.

　오행상의 한·난·습·조는 다음과 같이 구분할 수 있다.

　천간의 금수金水, 즉 庚申, 壬癸는 한寒하고, 木火 즉 甲乙丙丁은 난暖하다. 또한 土 무기戊, 己는 寒, 暖의 중간에 위치하고 지지의 金水, 즉 申酉亥子는 습濕하고, 木火 즉 寅卯巳午는 조燥하다. 土 중 戌, 未는 건조乾燥하고 辰, 丑은 습濕하다.

이를 계절별로 보면 추동지절秋冬之은 한습寒濕하고 춘하春夏지절은 난조暖燥하다. 이와 같은 한·난·습·조의 기후氣候의 조절調節은 다음과 같다.

사주 전체를 관찰하여 과하게 한습寒濕하면 난조暖燥가 필요하고 과하게 난조하면 한습이 필요하다. 이 원칙에 적절한 사주는 길하며 반대되는 사주는 불길不吉하여 복덕이 부족하다.

따라서 사주가 과하게 한습寒濕 또는 난온暖溫한지를 결정하여 억부抑扶나 병약病藥 등의 사주 원칙에 의하지 아니 하고 이상에서 말한 바와 같이 조후에 의하여 용신用神을 정해야 한다.

기타 서적書籍에서 살펴보면 조후에 대하여 다음과 같이 말하고 있다. 사주 전체가 극심하게 한습하여 난조한 기운이 전혀 없거나 있더라도 뿌리가 없을 때는 반대로 난조한 기운이 전혀 없어야 하고 극심하게 난조할 때는 한습지기가 전혀 없어야 한다.

이것은 소위 음극즉양생陰極則陽生, 양극즉음생陽極則陰生이라는 천지 자연天地自然의 이치와 같다는 것이다. 또는 사주가 극심하게 한습 또는 난조하여 난조 또는 한습의 기운이 무근한 사주도 난조지기 또는 한습지기를 만나 부귀공명을 얻을 수가 있으나 겉치레만 화려할 뿐 내면은 부실하여 복덕이 있더라도 흠결이 그치지 아니 한다고 말하고 있다.

✚연 : 甲戌   월 : 甲戌   일 : 甲寅   시 : 甲戌
　대운 : 乙亥, 丙子, 丁丑, 戊寅, 己卯, 庚辰

-. 이 사주는 청나라 말의 혁명가 왕성룡의 사주이다. 사주팔자의 전부가 甲寅木과 戌土로 되어 있어 사주가 지나치게 난조暖燥하다. 그런

고로 용신은 한습지기이므로 재왕 신약으로 보고 비견比肩을 용신으로 삼아서는 안 된다.

사주의 천간이 모두 甲木 동기同氣로 되어 순수純粹하다. 그러나 조후가 되지 않아서 평생을 통해 복택이 부족했다. 그러나 을해, 병자 대운으로 중년까지 한습寒濕지기를 만나 명성을 떨쳤으나 戊寅대운에 다시 사주가 더욱 난조暖燥하여 병으로 졸卒하였다.

✚ 연 : 辛丑   월 : 辛丑   일 : 癸卯   시 : 辛丑
대운 : 壬寅, 癸卯, 甲辰, 乙巳, 丙午, 丁未

-. 이 사주는 丑월에 출생하고 연월시주가 모두 辛丑으로 되어 있어 사주가 한습寒濕하다. 그러나 다행하게도 일지에 卯木이 있어 한습한 천지에 봄에 새로운 나뭇잎을 피어오르게 하여 햇살을 쬐인 듯하다. 대운이 寅卯甲乙木과 東南 陽火之支인 巳火와 丙午대운임으로 친정과 시댁이 번창하고 남편이 고귀하게 되었다.

04 한신閑神

　사주에는 용신用神 외에도 여러 가지가 있으나 그중 특히 중요하게 여기는 것은 희신喜神과 기신忌神 및 한신閑神이 있다. 앞서 설명한 바와 같이 희신은 용신을 생조生助하여 주는 오행이고, 기신은 용신을 파극破剋하는 오행이 기신이 되며, 한신은 기타의 모든 육신, 즉 오행이 한신이 되는 것이다.

　예를 들면 무토戊土가 용신인데 戊土를 생하여 주는 丙火나 丁火 火星는 희신이 되며 戊土를 극하는 甲木과 乙木 등의 목성木星은 기신이 되고 기타 여성餘星들이 한신인 셈이다.

05 정·신·기 精·神·氣

우선 정精이란 사람의 머리격인 정신에 해당하는 것으로 사주에서도 일간 日干을 제일 중요시한다. 그런 고로 일간을 생하여 주는 것을 정精으로 하고, 신神이란 일간을 극하러 오는 오행, 즉 육신을 말하며, 기氣란 사주의 역할役割 중에서 일간을 제일 먼저 동조同助하여 힘을 얻게 하는 것이 동기생同期生을 만나는 것이다.

그러므로 일간을 제일 크게 도와 힘을 주는 것이 육신 중에서 비견比肩이나 겁재劫財이다. 그래서 같은 형제를 만나 동기同氣를 얻었다 하여, 기氣라고 하여 정精·신神·기氣이라 하는 것이다.

✚ 연 : 癸酉   월 : 甲子   일 : 丁卯   시 : 己丑
　　대운 : 癸亥, 戊戌, 辛酉, 庚申, 己未, 戊午

이 사주에서 보면 일주日柱인 丁卯火木을 생하는 월간月干의 甲木이 정精이다.

甲木은 癸水를 만나 水生木으로 생하여 주니 이 水로 왕강旺强하여졌다.

그런 고로 정이 왕성하다.

　丑土와 일지日支 卯木의 지장간地藏干에는 己土와 乙木이 있어 각각의 동기同氣로 기 또한 충족하다.

　또한 己土가 丁火의 기운을 누출漏出시키니 신이 되는데 丑土와 卯木에 사死지로서 소통疏通시켜 주는 격이 되니 정精·신神·기氣가 갖추어져 있다.

06 진신眞神과 가신假神

　사주에서 용신을 쓸 때는 참眞 용신과 거짓假:가 용신으로 구분하여 두 가지를 쓰게 된다. 그래서 이를 진신眞神과 가신假神이라 하는데, 초보자를 위해 복잡함을 피하고 쉽게 설명한다.

　예를 들면 진신眞神은 사주의 육신 중에서 정말로 필요한 육신을 찾아 용신으로 삼는 것을 진신이라 하고, 가신假神은 사주 안에서 필요한 육신이 없어서 사주의 배합상 부득이 용신을 빌려다 써야 하는 경우가 있다.

　가령 戊土 일주가 辰월에 출생하면 월령月令하여 왕성한데 이때 庚金이나 申金으로 용신을 써서 기를 누출漏出시켜야 하는데 사주에 金이 없으니 식상食傷이 있을 리가 만무하다. 이런 경우에는 식상을 건너뛰어 재성財星, 즉 수기水氣인 亥水나 子水 등으로 용신을 쓰는 것을 가신假神이라 하는 것이다.

07 청탁淸濁

사주의 응용에서 제일 구분하기가 어려운 것이 청탁淸濁이 가장 난이難易하다. 사주가 청淸하다 하면, 즉 정·신·기가 모두가 충족되어 있어 사주가 아주 길한 반면, 탁濁하여 정·신·기가 없으면 사주에 사기邪氣가 들어 있어 판별하기가 탁해지는 것을 말한다. 청탁은 사주의 오행상 육신으로 상호간의 생극生剋과 그 위치에 따라서 정해진다.

예를 들면 일주가 약할 때는 인성印星이 있으면 인성을 극하는 재성財星이 있으면 사주가 탁濁해지는데, 재성이 사주 속에 있다 하여 반드시 사주가 탁하다고 하여서는 안 된다. 즉 육신이 어느 위치에 있는가를 참작해야 한다는 것이다.

재성이 있더라도 관성官星이 접근해 있고 또 관성이 인수印綬와 접근하여 일간을 도와 재생관財生官을 생하여 주어 재생관이요, 관은 인성을 생하여 주어 관생인官生印이며, 인은 식상을 생하여, 인생신印生神으로, 일주를 도와주고 행운行運에서 인수를 돕는 운이 오면 자연적으로 부귀富貴하게 되는 것을 청淸이라 할 수 있다. 또한 앞에서 재성財星이 사주에서 없다 하여 사주가 반드시 맑아지는 것도 아님을 알아두어야 한다.

✚연 : 癸酉   월 : 甲子   일 : 丙寅   시 : 乙未
　대운 : 癸亥, 壬戌, 辛酉, 庚申, 己未, 戊午

　　11월[子月]생이 일간의 丙火와 水剋火로 관살官煞이 되어 신약身弱한 사주일 것 같으나 월간과 일지의 인성印星의 도움으로 왕성旺盛하다. 그런 고로 용신用神이 관성官星이다. 정관正官이 연간에 투출透出되어 있으니 財가 연지에서 뒷받침하고 있으니 사주가 아주 맑다. 따라서 이런 사주는 정精·신神·기氣가 왕성하다.
　　대운에서 초년 金 水운에 과거科擧에 급제하고 한 고을에 명성을 떨쳤다.

08 유정有情과 무정無情

사주에서 오행이 골고루 들어 있어 중화를 이루면 왕성한 사주라서 용신 用神도 왕강旺强하다. 용신은 일주日柱와 근접해 있을수록 왕성해지는 법인데 그 작용력 역시 강하게 작용한다.

이와 같이 용신과 일간이 가까이 있는 것을 유정有情이라 하고, 멀리 연간年干이나 연지年支에 있는 것을 무정無情이라 한다. 그리고 사주가 유정이면 용신이 일간을 크게 도와 정신이 강해져서 귀격의 사주가 된다.

반면에 무정이라 하여 용신이 멀리 있어도 유정으로 작용하는 용신도 있다. 왜냐하면 연간에 있는 용신이 월간과 간합干合하여 간합된 오행이 일간을 돕는, 즉 인수印綬나 비겁比怯 오행으로 바뀌면 일간을 도와 유정이 되는 것이다.

예를 들면 일간이 경신庚申 일주로 월간에는 辛金이 있고 연간에는 丙火가 있어 丙火가 일주[用神]이라면, 比官, 傷財로 하여 관官인 丙火가 용신用神인데 일간과는 멀리 떨어져 있다.

이런 경우에 丙火와 辛金이 간합하여 丙辛水로 간합하여 일간의 庚金과 金生水로 합을 이루어 유정有情의 역할을 톡톡히 하게 되는 것이다. 그래서 무정(無情)으로 되어 있는 용신이라도 버려서는 안 되는 것임을 알아야 한다.

✚ 연 : 丁酉　월 : 乙巳　일 : 丁丑　시 : 丁巳
　대운 : 甲辰, 癸卯, 壬寅, 辛丑, 庚子, 己亥

위의 사주를 보면 무정無情인 사주를 유정有情으로 변화해 준 예이다. 생월이 사巳월인 화왕지절火旺之節이고 비견比肩의 과다로 화기火氣의 기세가 강렬强烈하다. 연지의 酉金이 用神이다. 그러나 용신과 일주의 거리가 너무 멀고 巳火가 그 사이를 가로막고 있는 것처럼 보인다. 그러나 연월일지가 사유축巳酉丑 삼합으로 금국金局을 이루어 일간과 용신用神간에 연결시키고 금으로 화和해 사주가 유정有情으로 변모되었다.

09 기반羈絆

　사주에는 항상 천간이나 지지에 간합干合이나 극합剋合이 따르게 된다. 그러나 용신을 도와줌으로써 희신喜神 역할을 하는 희신과 용신用神과 극剋이 되어 용신을 설기泄氣시켜 주는 기신忌神이 있는데 이때 합이 되어 용신에게 희신 역할을 하든가 아니면 간합干合하여 기신 역할을 하게 되는데 이때에 희신이나 기신의 합이 된 두 천간 중 음간陰干은 그 역할을 못하게 되는 경우가 있는데 이것을 기반羈絆이라고 한다.

10 천복길신天覆吉神

사주는 천간과 십이지지로 이루어지는데 천간지지는 서로 상생하여야 사주가 길해진다. 사주의 천간과 지지가 서로 상생되어 있으면 용신이 더욱 힘을 얻어 작용력이 강해지는 것이다.

그러므로 사주는 더욱더 맑아지는 것이다. 이런 경우를 천복길신天覆吉神 또는 지재地載라고 한다.

II 길신태로 吉神太路

　사주에서 희신喜神은 용신을 도와주는 길신으로 보는데 이럴 때 희신이나 용신이 천간에 있으면 쟁탈爭奪을 당하기가 쉽다.

　그래서 희신 및 용신은 십이지지에 감추어져 있는 것이 좋다. 일반적으로 정재正財나 편재偏財가 있을 때에는 천간보다는 십이지지에 있는 것이 더 길해진다 이 경우와 마찬가지로 용신과 희신은 천간보다 십이지지에 심장深藏되어 있는 것이 더욱 좋은 것을 길신태로吉神太路라 한다.

알아둘 요점 사항

1) 통관, 용신에 대하여 자세히 설명하여 보자.
2) 중화법의 특징은 무엇인가?
3) 조후법은 어떠한 사주에 적용하는가?
4) 한신이란 사주에서 무엇을 말하는가?
5) 정·신·기에 대하여 설명해 보자.
6) 진신과 가신의 차이점은?
7) 청탁의 사주는 어떤 것인가?
8) 유정과 무정의 기반구축의 관계를 알아보자.
9) 기반이란?
10) 천복길신과 길신태로를 설명해 보자.

제8장

대운(大運)은 어떻게 세우는가

01 대운(大運)이란 · 249

02 대운을 세우는 순서 · 251

01 대운大運이란

　사람이 이 세상에 태어나 살아가면서 자기에게 제일 좋은 시기가 다가오는 것을 대운이라고 하는데 대운은 한 번에 10년씩을 기준으로 하여 1세부터 나누어지느냐 아니면 3세부터 나누어지느냐. 그리고 몇 살부터 대운이 드는지는 뒤에서 설명할 것이며, 우선 대운은 왜 필요하며 무엇을 대운이라고 하는 것부터 알아야 할 것이다.

　대부분 대운을 만나면 사람의 운명을 바꿔놓는다고 한다. 그런데 이 말은 사실이다.

　누구나 첫째는 신강身强사주인 좋은 사주를 타고나야 한다. 그리고 그다음이 대운을 잘 만나야 하는 것이다.

　대운이란 10년마다 들어오는데 이중 천간에서 5년 지지에서 5년씩으로 10년을 좌우한다. 이때에 본인本人이 타고난 사주와 대운에서 들어오는 좋은 운을 만나서 용신用神도 도움을 주고 연운年運도 길운吉運이 접해서 생조生助하여 주는 운이 들어와, 즉 삼위일체三位一體가 되면 평생平生에 제일 좋은 운을 만나 사람의 팔자가 바뀌게 되는 것이다. 이런 기회가 다가오는 것을 대운이라 한다.

또한 대운은 사주를 지닌 그 사람이 한평생 살아가는 과정에서 여러 번 볼 수 있는 것이다. 사주는 연월일시로 천간지지로 짜여져 있어 그 사주를 가진 사람의 운명이 어떠한 것인가를 예측하고 약속된 대운이 어느 시기에 다가오는지를 알 수 있다는 점이다.

02 대운을 세우는 순서

대운은 태어난 달의 천간지지를 기준으로 하여 정하는 것으로 다음과 같이 구분하여 정한다.

① 연간이 양陽에 속하는 남자와 연간이 음陰에 속하는 여자의 대운은 순행順行하고,
② 연간이 음陰에 속하는 남자와 연간이 양陽에 속하는 여자의 대운은 역행逆行한다.

세론하면, 즉

-. 甲子년陽年 丙寅[1月]생 남자의 대운은 丁卯・戊辰・己巳・庚午 순으로 순행하고,
-. 乙丑년陰年 戊寅[1月]생 남자의 대운은 丁丑・丙子・乙亥・甲戌 순으로 역행한다.
-. 乙丑년陰年 戊寅[1月]생 여자의 대운은 己卯・庚辰・辛巳・壬午 순

으로 순행하고,

－. 甲子년[陽年] 丙寅[1月]생 여자의 대운은 乙丑 · 甲子 · 癸亥 · 壬戌 순으로 역행한다.

이상과 같이 순행하는 운을 순운順運이라 하고, 역으로 역행하는 운을 역운逆運이라 한다.

대운은 순행順行 또는 역행逆行하여 10년씩 변하는데 몇 살 때 변하는지를 알아야 하는 것이다. 이 숫자를 알아내는 것을 행운세수幸運歲數라 한다.

① 양년陽年생 남자와 음년陰年생 여자의 대운인 자者는, 즉 순행운은 본인의 그 생일부터 다음달 절입節入일까지의 일수日數를 3으로 나누어 값으로 나온 숫자가 대운 세수歲數가 된다.

② 음년陰年생 남자와 양년陽年생 여자의 대운인 자는, 즉 역순운은 본인의 그 생일부터 그 달의 절입節入일까지의 일수日數를 3으로 나누어 값으로 나온 숫자가 대운세수歲數가 된다.

단, 여기서 일수日數를 따져 3으로 나눔에 있어 정수整數로 딱 떨어지지 않을 경우에는 하루[즉 1]가 남으면 그것은 버리고, 2일[즉 2]이 남으면 반올림하여 정수에 1의 숫자를 더하여 준다.

예문

① 순행順行일 경우 자기가 태어난 날부터 다음달 절입節入일까지의 날짜 수가 7일이었다면 7÷3하면 2와 1이 남는다. 이때는 남은 1은 버리는 것이며, 대운 숫자는 2가 된다.

② 역행逆行일 경우 자기가 태어난 날부터 역으로 계산하여 그 달의 절입節入일까지의 날짜 수가 5일이었다면 5÷3하면 1과 2가 남는다. 이런 경우는 나머지 숫자가 2이므로 반올림하여 정수가 2가 되니 대운의 숫자는 2가 되는 것이다. 이하, 모두 이와 같이 대운 숫자를 정하면 된다.

③ 1984년 5월 8일 오시생의 사주를 가지고 실례를 들어 본다.

+ 사주건명

甲子年	庚午月	壬申日	丙午시생
年	月	日	時
甲	庚	壬	丙
子	午	申	午

+ 대운

辛	壬	癸	甲	乙	丙	丁
未	申	酉	戌	亥	子	丑
10	20	30	40	50	60	70

이상의 것을 자세히 세론하면 다음과 같다.

① 1984년 5월 8일 오시생의 사주는 상기와 같이 나온다.
② 양년의 남자이기 때문에 태어난 달부터 순행한다.경오월 다음이 辛未·

壬申….

③ 태어난 날부터 다음달 절기입節入日까지 날짜 수를 세어 보니 31일이다. 이것을 3으로 나누면 10이 되고 1이 남는다. 1을 버리면 대운 세수는 10이 된다.

④ 이와 같이 나온 숫자를 10년씩 하여 대운으로 앞날의 다가오는 운을 예측할 수 있는 것이다.

> **참고 사항**
>
> 1) 사주를 세울 때 대운을 세우는 법에 대하여 암기하여 둔다.
> 2) 연간年干이 양陽에 속하는 남자와 음陰에 속하는 여자는 순행 시 무엇에서 순행하는가?

제9장

사주(四柱)의 실제 응용(應用)

01 사주를 세우는 순서 • 257
02 조상(祖上) 관련 • 260
03 부모(父母) 관련 • 261
04 처덕(妻德)이 있는 사주 • 263
05 처덕(妻德)이 없는 사주 • 264
06 처(妻)가 예쁜 사주 • 266
07 처(妻)가 부정(不貞)한 사주 • 267
08 첩(妾)이 있는 사주 • 268
09 형제덕(兄弟德)이 있는 사주 • 270
10 형제덕(兄弟德)이 없는 사주 • 272
11 자식덕(子息德)이 있는 사주 • 273
12 자식덕(子息德)이 없는 사주 • 275
13 사주(四柱)로 보는 자식의 수 • 278

01 사주를 세우는 순서

사주는 대부분 나를 기준해서 조부모·부모·형제·자매·자식·처·첩 등 손자까지 알 수 있으며 지금까지 배운 자료를 응용하여 활용하면 되는데 여기서 육친 관계는 육신으로 나타낸다.

먼저 생년월일로 해당자의 사주를 세운다.

- 연주 : 조부모 등 조상들을 의미하고 나의 어린 시절을 생각해야 한다.
- 월주 : 부모를 나타내며 형제 및 처로도 나타내며, 중년, 성년기로 학창 시절 등을 말할 수 있다.
- 일주 : 본인자기을 나타내며 배우자의 자리이기도 한다. 또한 장년의 시기로 활동력이 제일 왕성한 시기로 볼 수 있다.
- 시주 : 자식이나 자손들을 의미하며 본인의 말년에 해당된다.

사주 세우는 법의 실례 표

(陽) 1950年 12月 14日 21時 00分 生
(陰) 1950年 11月 06日 戌時 生   坤

輔佐用神

調候	丙
保佐	辛
司令	壬
空亡	辛酉

格·用

用神	庚金正印
格局	時上正官格
強弱	身弱
過給	水多火及

四柱

時	日	月	年	四柱
大海水	楊柳木	霹靂火	松柏木	納音
劫財	我身	正官	正印	十神
壬 +水	癸 -水	戊 +土	庚 +金	天干
戌 +土	未 -土	子 +水	寅 +木	他支
正官	偏官	比肩	傷官	十神
衰	墓	祿	浴	運星
華蓋	攀鞍	災煞	他煞	神煞
辛 丁 戊	丁 乙 己	壬 癸	戊 丙 甲	餘 中 正	支藏干

大運 年運 軸線

2010	2009	2008	2007	2006	2005	2004	2003	2002	2001
正印	偏印	正官	偏財	正財	食神	傷官	比肩	劫財	偏官
庚寅	己丑	戊子	丁亥	丙戌	乙酉	甲申	癸未	壬午	辛巳
傷官	偏官	比肩	劫財	正官	偏印	正印	偏印	偏印	正財
浴	帶	祿	旺	衰	病	死	墓	絶	胎
地煞	天煞	災煞	劫煞	華蓋	六害	驛馬	攀鞍	將星	亡神

72	62	52	42	32	22	12	2	大運
庚辰	辛巳	壬午	癸未	甲申	乙酉	丙戌	丁亥	
半三合 破刑	干合 破害刑	干合 害	半三合					合刑 冲波 害

2005年 月運 軸線

01/05/20/46	12/07/09/32	11/07/16/42	10/08/13/33	09/07/21/56	08/07/19/03	07/06/23/16	06/05/20/01	05/04/05/34	04/05/20/44	03/04/01/42	02/04/06/42
偏官	正官	偏財	正財	食神	傷官	比肩	劫財	偏印	正印	偏官	正官
己丑	戊子	丁亥	丙戌	乙酉	甲申	癸未	壬午	辛巳	庚寅	己丑	戊子
偏印	比肩	劫財	正官	偏印	正印	偏財	正財	正官	食神	傷官	
帶	祿	旺	衰	病	死	墓	絶	胎	養	生	浴
天煞	災煞	劫煞	華蓋	六害	驛馬	攀鞍	將星	亡神	月煞	年煞	地煞

各種 神煞

在月 陽着 鷄飛 白虎煞 隔角煞
庫德 刃着 鬼門關 怨嗔煞
唐符 飛刃煞 鬼門關 怨嗔煞
天弔客煞 桃花煞 囚獄煞 天耗
天祿客煞 桃花煞 天耗
金與祿 流霞煞 夜啼關 隔角煞
白虎煞 血支 三丘煞

宮限命災

命官	癸未	本命	五黃土 星
小限	戊子	三災	辛酉戌 年

사주총평

이렇게 하여 일주日를 기준하여 배우자와의 관계를 먼저 정립鼎立하고, 월주 · 시주 · 연주 등으로 한 단계씩 나간다.

희신喜神이 일간을 도와주면 배우자궁이 양호하고 좋은 집안의 숙녀를 맞아 처의 내조가 있다.

O2 조상祖上 관련

조상의 길흉 판단은 주로 연주에 의해서 판단되는데 연주에는 인수나 정관, 편관 등으로 판별하여 구분하여 조상이나 나의 어린 시절에 대해서 알 수 있다. 만약 연주에 인수와 정관이 있다면 조부모님이 나의 어린 시절에는 집안 환경이 좋은 집에서 태어났음을 알 수 있다.

-. 연주에 天乙貴人이나 12운성에서 장생운을 만나면 조부모가 영화로 웠던 가문家門임을 알 수 있다.

-. 연주에 천간지지가 比肩이나, 比肩 · 偏財 · 偏財 · 傷官이 있으면 조부모나 본인이 어린 시절에 양자養子로 갈 수 있다.

-. 연주에 편인偏印, 偏官, 겁재劫財가 12운성에서 쇠약衰弱한 死 · 絶 · 墓 또는 양인살羊刃煞 등이 있거나, 刑, 沖을 당하면 조상의 음덕陰德이 없다단, 여기서 희신喜神과의 관계도 따져볼 것.

03 부모父母 관련

1) 부모덕이 있는 경우

부모는 사주에서 대개 월주로 보아야 하는데 주로 정관正官이나 인수印綬가 아버지와 어머니를 뜻함으로 월주에 정관, 인수가 있고, 대운에서 일간이나 용신을 도와주는 운이 오면 부모운이 매우 좋다. 또한 인수가 없을 때에는 편인偏印이 인수印綬 역할을 할 때도 있다.

- . 월주에 정관이 있고 지지에 인수가 있으며, 일간을 도와주고, 시주에 재성이 있으면 부모가 부귀하다.
- . 월주의 천간지지에 겁재와 상관이 있으면 부모, 형제의 덕이 없으며, 형제에게도 공 없는 소리만 듣는다.
- . 월주의 인수가 희신喜神으로 도움을 받으며 재성財星으로부터 파극破剋을 당하지 않으면 부모덕이 크다.

2) 부모덕이 없는 경우

- . 월간에 식신이 있고 관살이 기신일 때.
- . 월간에 겁재가 있을 때.
- . 인수가 길신인데 월간에 재성이 있을 때.
- . 월간에 식상이 자리 잡고 있을 때.
- . 신약사주에서 인수가 과다할 때.
- . 월주에 기신이 천간이나 지지에 있을 때.
- . 초년대운에서 파극破剋이 계속해서 올 적에 월간이 기신忌神이며 파극될 때.

3) 부모 선망父母先亡을 알아내는 법

사주에서 인수印綬나 편재偏財가 있을 때는, 인수 또는 편재가 길신인가 희신인가, 아니면 比肩, 劫財에 의해서 파극破剋되어 있는가 살펴보아야 하며, 刑·冲·破·害가 되어 있는가, 12운성에서 絶·墓·死 등 약한 운이 동주同柱하는 여부를 먼저 파악되어야 한다.

- . 사주에서 비견比肩, 겁재劫財가 지나치게 많으면 이복형제異腹兄弟가 있으며, 부선망父先亡이다.
- . 연간이나 월간이 시간을 극하면 부선망父先亡을 알 수 있다.
- . 재성財星이 지나치게 많으면 모선망母先亡이 될 수 있다.

04 처덕妻德이 있는 사주

처는 육신에서 적용될 적에 정재로 구분한다. 단, 정재가 없을 경우에는 월지에 있는 편재는 정처로 구분할 수 있다.

- 비견, 겁재가 왕성하여 신강身强사주인데 재성이 없을 경우 식상이 있으면 현량한 처를 맞이한다.
- 일지에 재성財星이 있으면 처덕이 있고 재물복財物福이 따른다.
- 재성財星이 일지나 월지月支에 있을 때 길신吉神이 도와주면 현량한 처와 재물을 얻는다.
- 재성이 월주에 있으며, 길신이 서로 상극되지 않으면 처가 양호하다.
- 신강사주인데, 관살官煞이 약하고, 재성이 관살을 생조生助할 때 처덕이 좋다.
- 인수印綬 및 편인偏印이 중첩한데, 재성이 있으며, 생조生助해 주면 처로 인해서 부자가 된다.

05 처덕妻德이 없는 사주

- 재성財星이 기신忌神에 해당하거나 비견, 겁재에 의하여 파극破剋이 되면 처덕이 없다.
- 재성財星이 약하고 관살이 없으며 비견, 겁재가 많으면 처와 인연이 없다.
- 재성財星이 약한데 관살이 많으며, 식상이 없고, 인성印星이 월지月支에 있으면 처가 병약病弱하다.
- 재성財星이 왕성하면 신약사주가 되는데 비겁이 없어도 처와 인연이 박하다.
- 관살官煞이 약한데 신강사주이면서 재성과 비겁이 있으면, 처가 어질지 못하다.
- 양인羊刃살과 비견, 겁재가 많으며, 재성財星이 약하고, 食傷이 있으나 인수印綬나 편인偏印이 있으면 처덕이 없다.
- 사주에서 재성이 없을 경우 비견, 겁재와 양인살羊刃煞이 있으면 생이별生離別이나 사별死別운이 들어 있다.
- 신강사주인데 일지에 비견, 겁재가 있으며, 양인살羊刃煞이 동주하

면 처로 인하여 구설口舌수가 끊이지 않는다.

-. 사주에서 간합干合이 많으면 처와의 인연이 수시로 변한다.

-. 일지에 편인偏印이 있는데 양인살羊刃煞이 동주하면 처에게 산액이 있다.

06 처妻가 예쁜 사주

- 월지月支나 일지日支에 재성財星이 있는데 재성이 인성印星을 억제하면 예쁜 처를 맞이한다.
- 신강身强사주에서 관성官星이 약한데 재성財星이 관살을 생조生助하면 예쁜 처를 얻는다.
- 신강身强사주에서 관살이 약하고 식상食傷이 왕성旺盛한데 재성이 식상을 생조하면 예쁜 처를 맞이한다.
- 丙子일이나 庚子일에 출생한 자는 미모의 처를 얻는다.
- 신강사주에 재성이 월간에 하나뿐일 때 식상이 재성을 도와주면 예쁜 처를 얻는다.
- 일지가 정관正官이나 상관傷官이 서 있을 때도 예쁜 처를 맞이한다.
- 재성財星이 천을귀인天乙貴人과 만나면 예쁜 처를 맞이한다.

07 처妻가 부정不貞한 사주

-. 사주에 정재와 편재가 많은 것은 처와 첩이 많은 것이므로 처가 부정할 수 있다.
-. 사주에 정재와 편재가 왕성旺盛하고 겁재劫財가 왕성하면 처妻, 첩妾이 사리사욕私利私慾이 있다.
-. 사주의 일지에 양인살羊刃煞과 화개살華蓋煞이 동주하면 결혼한 여자와 인연이 있고, 처녀와는 결혼운이 희박하다.
-. 사주의 일지에 화개살이 충이 되면, 처를 극하거나, 그렇지 않으면 처가 부정한 행위를 한다.
-. 사주에서 정재나 편재가 간합干合되고 목욕沐浴이나 도화살과 동주하면 그 처가 부정하다.
-. 사주에 정재와 편재가 비견과 동주하고, 또는 목욕이나 도화살이 동주하면 처가 다욕다정多慾多情하여 실정失貞할 우려가 있다.

08 첩妾이 있는 사주

- 정재正財와 편재가 있으면 반드시 첩이 있게 된다.
- 월지月支에 정재가 있는데 지장간支藏干에 편재偏財가 있으면 숨겨 둔 첩이 있다.
- 사주가 신약身弱인데 정재, 편재가 많은 경우 첩이 있다.
- 사주에 정관正官, 편관偏官이 있으면 호색다음好色多淫하여 남자는 첩을, 여자는 정부情夫를 둔다.
- 사주에 식신이 과다過多하면 음탕淫蕩하고, 호색好色가여서 남녀 모두 첩이나, 정부情夫를 둔다.
- 사주에 인수나 편인이 많아도 호색가이며, 인성과 정재, 편재가 혼합되어 있어도 생활이 문란하다.
- 사주에 지지 전부가 子午, 卯酉로 沖이 되어 있으면 주색酒色이 심하여 몸을 망친다.
- 사주의 지지에 육합이 있으면 특히 여자는 음란淫亂하고 몸을 천하게 굴린다.
- 사주의 일지에 도화살桃花煞이 동주同柱하면 남녀 모두 풍류호색風

流好色한다.

-. 사주에 일지가 壬子日에 태어났거나 정임丁壬이 간합干合되어 있으면 정력가이며 또한 음란하다.

-. 사주에서 壬子년에 癸亥日과 같이 수기水氣가 많으면 음란한 경향이 있다.

09 형제덕兄弟德이 있는 사주

- 월간이나 연간에 비견比肩이 있을 때, 용신用神이며, 희신喜神이라서 일간을 도와주면, 형제간兄弟間의 덕이 있다.
- 사주가 신약이며, 재성이 관살을 생조生助해 주면 형제자매兄弟姉妹가 모두 우애友愛가 좋다.
- 사주에 비견이나, 겁재가 천간이면 천간, 지지면 지지에 적당히 있으며, 일간을 생조生助하여 주면 형제간에 화목和睦한다단, 과다過多하면 이복형제가 있다.
- 사주에 관살官煞이 왕성한데 이를 억제할 식신食神 및 상관傷官이 있으면 형제의 도움을 받는다.
- 사주에서 일주가 약한 관살이나 재성으로 되어 있을 때, 월지에서 인수印綬가 도와주면 형제의 덕이 있다.
- 사주에 재성財星이 약하고, 비견比肩이 왕성하더라도 식상이 재성을 생하여 주면 형제의 덕이 있다.
- 사주에서 재성이 약한데 비겁이 왕성하고 관살이 있으면, 형제가 편안하다.

-. 사주에서 비견, 겁이 월간이나 일주에 있을 때, 길신이며, 12운성에서 건록建祿과 동주하면 형제가 부귀영화를 누린다.

-. 사주에서 비견, 겁재가 십이운성에서 장성살將星煞이 동주하면 공직에 나가 크게 성공하고, 장생長生과 동주하면 평생 건강하고 무병장수無病長壽한다.

10 형제덕兄弟德이 없는 사주

-. 사주의 월주에 천간과 지지가 겁재이면 형제의 덕이 없다.
-. 사주가 극신강極身强이며, 겁재가 많으면 형제간에 항상 불화不和가 따른다.
-. 사주에서 비견, 겁재가 용신과의 방해를 받으며, 기신忌神이면 형제의 덕이 없다.
-. 사주에서 재성이 약한데, 비겁이 왕성旺盛하며, 인성이 식상食傷을 억제하면 형제의 덕이 없다.
-. 사주에서 월간이나 타주他柱에 관살만 있고 인성이 없으면 형제의 덕이 없다.
-. 사주에서 일주나 월주에 비견이나 겁재가 있을 때, 12운성에서 死·絶·墓와 같이 쇠약衰弱한 운이 동주하면 형제의 덕이 없다.
-. 사주에서 비견, 겁재가 화개살華蓋煞이나 도화살桃花煞이 동주하면 형제가 풍류를 좋아한다.

11 자식덕子息德이 있는 사주

사주에서 자식子息을 나타낼 적에는 대부분이 상관傷官이나 식신食神을 자식으로 본다. 그러나 남자의 경우와 여자의 경우는 다르다. 남자의 경우는 상관이 입성入星할 때는 자식으로 보나, 대부분이 관살官煞이 입성入星할 때도 자식으로 보아야 할 것이다. 그리고 여자의 입장에서 보면 식신과 상관은 자식임이 틀림없을 것이며, 남자의 경우 관살이 자식이라는 것은, 즉 甲木이 일주에 있을 경우 甲木과 간합하는 것은 己土인데 甲木이 己土를 극하면 正財이니 이것은, 즉 처를 의미한다. 또한 처가 생한 것이 食傷이니 식상은 金에 해당된다. 그러면 金은 나의 관살官煞이 되니 일주가 甲일간이면 金이 나를 극하여 관살이 되어 자식으로도 볼 수 있다는 근거根據가 된다는 것을 알아야 할 것이다.

- 사주의 시주에 정관正官과 인수印綬가 있으면 자식이 효성스럽고 현량하며 효도한다.
- 사주의 시주에 정재와 정관이 있으면 자식이 착하고 효성스러우며, 예의바르고 머리도 명석하다.

-. 사주의 일주가 신강身强하며, 인성印星이 없고 관살官煞이 강하면 자식을 많이 둘 팔자이다.

-. 신약사주에서 일주가 약할 때 시주에 비견, 겁재가 있으면 자식복福이 많다.

-. 사주의 일주가 왕성하고 인수와 편인이 없고 식상이 있으면 자식이 많다.

-. 사주의 일주가 약할 때 관살이 없더라도 식상이 있으면 자식 중 아들이 반드시 있다.

12 자식덕子息德이 없는 사주

- . 사주에서 관살官煞이 없을 때 식신食神, 상관傷官이 편인偏印에 의해 파극破剋되면 자식덕子息德이 없다.
- . 사주에서 관살이 없을 때 식신, 상관이 기신忌神에 해당되면 자식복이 없다.
- . 사주에서 일주가 신약사주로 극히 약할 때, 관살이 왕성하면 자식이 없다.
- . 사주에서 일주가 신약사주일 때, 인성이 재성에게 파극되면 자식이 없다.
- . 사주에서 일주가 신약사주일 때, 관살이 왕성한데 재성과 인성이 미약하면, 여식女息이 왕성하다.
- . 사주에서 일주가 신약사주일 때, 편관살偏官煞이 왕성하고 식상이 비겁比劫에게 파극破剋을 당하면 여식이 많다.
- . 사주에서 일주가 신약사주일 때, 식상과 관살은 있는데 비견比肩이 없으면 아들이 없다.
- . 사주에서 일주가 신약사주일 때, 인성印星은 약하고 식상食傷이 왕

성하면 아들이 적다.
-. 사주에서 일주가 약할 때, 인성印星이 재성財星에 의해서 파극破剋당하면 자식이 없다.
-. 사주에서 일주가 약할 때, 식상은 많은데 인성이 없으면 아들이 없다.
-. 사주에서 일주가 약할 때, 식신, 상관이 왕성하고 인성도 있으나 인성이 다시 재성財星에 의해서 파극破剋되면 아들이 불효하다.

이상은 일주가 심히 약할 때의 상황에 의해 자식덕이 없는 경우이며, 다음은 일주가 몹시 왕성할 때의 변화과정을 알아보기로 한다.

-. 사주에서 일주가 왕성하여 신강사주인데, 식신, 상관이 경미하고, 재성과 인성이 있으면 자식은 적으나 손자가 많은 경향이 있다.
-. 사주에서 일주가 왕성할 때 식상이 대부분을 차지하면 자식이 없다.
-. 사주에서 일주가 극신강極身強사주로 왕성할 때, 관살이 공망空亡이 되어 있는데 상관과 겁재가 시주에 있으면 자식이 없다.
-. 사주에서 지지 중에 있는 관살이 합이 되면, 특히 여식女息의 품행品行이 나쁘다.
-. 사주에서 편인이 있을 적에 기신忌神이 되면 자녀의 성품이 나쁘다.
-. 사주에서 고신살孤辰煞과 과숙살寡宿煞이 있으면 자식이 고독하거나, 드문 현상이 있다.
-. 사주에서 관살이 혼합混合되면 자식이 불효不孝, 잔질병, 요사夭死 등이 따른다.

-. 사주에서 사死·절絶·묘墓가 있으면 자식이 건강에 약한 면이 있다.
-. 사주에서 겁재劫財가 기신忌神이 되어 시주에 있으면 자식으로 인하여 패가망신敗家亡身한다.

13 사주四柱로 보는 자식의 수

자식이 몇 명인지는 각 학설마다 차이는 있지만, 그중 아직까지 전래되어 온 학설은 12운성론장생론이다단, 여기서 말하는 자식의 수는 부모의 임종을 두고 하는 숫자이다.

절絕 또는 포胞	: 일 자一子
태胎	: 아들 없다.
양養	: 삼 자三子
장생長生	: 사 자四子
목욕沐浴	: 이 자二子
관대冠帶	: 삼 자三子
임관臨官	: 삼 자三子
제왕帝旺	: 오 자五子
쇠衰	: 이 자二子
병病	: 일 자一子
사死	: 아들 없다.
장, 묘葬	: 아들 없다.

※시지를 기준하여 본다.

이상과 같은 방법으로는, 12운성론으로 대조할 적에는 천간에서 음간陰干
은 사용하지 않는다는 점을 알아두기 바란다.

> **알아둘 요점 사항**
>
> 1) 각각의 유형별 사주의 특성을 몇 번씩 되풀이하여 풀어 보자.
> 2) 자식의 수에서 나온 숫자는 임종을 기준한 것임을 기억해둔다.

제10장

부자의 사주와 가난한 사주

01 부자의 사주 · 283
02 가난한 사주 · 284

01 부자의 사주

- . 사주에서 재성이 왕성하고, 식상이 미약할 때
- . 재성이 천간에 있으며, 식상도 천간에 있을 때
- . 사주에서 해자亥子 수국水局을 이루고 파극破剋당하지 않을 때,
- . 사주에서 천간과 지지에 식상이 중첩重疊되어 있는 것을 재성財星이 유통시킬 때.
- . 신강사주로 비견, 겁이 많은데, 재성, 인성이 없고 식상食傷이 있을 때.
- . 신강사주인데, 재성이 왕성하며, 식상이 있든지 아니면 관살官煞이 있을 때.
- . 사주에 일주가 왕성한데, 식상은 약하고, 월주에 재성이 생조生助하여 줄 때.
- . 신약사주로서, 재성이 왕성하고, 인성 및 관살이 없고, 비겁이 있을 때.
- . 신강사주인데 관살官煞이 약하고, 인성이 왕성하며, 재성이 월지月支에서 생하여 줄 때.

이상과 같은 사주가 전형적인 부자 사주로서 재기통문財氣通門이라 한다.

02 가난한 사주

-. 신약사주인데 비견, 겁재가 약하고, 재성이 많을 때.
-. 사주에서 인수와 편인이 희신일 때, 재성이 희신喜神을 파괴할 때.
-. 신약사주이고, 관살이 왕성하여 인수가 필요하여 인성이 희신일 때, 재財가 다시 와서 파극破剋할 때.
-. 신약사주이며, 식신, 상관傷官이 약한데, 재성財星이 많을 때.
-. 사주에서 재성은 약한데 비견, 겁재劫財가 왕성하고, 식상이 없을 때.
-. 신약사주로 재성財星은 약한데 관살官煞이 많을 때.

이 밖에도 가난한 사주를 살펴보면 용신이 지장간에 숨어 있어 약한 용신이라든가 오행이 중화中和되지 않았다든가, 너무 무정無情하다든가 하면 대부분 가난한 사주가 되며 또한 부자로 잘 살고 있다가도 대운에서 나쁜 운을 만나면, 하루아침에 부자가 거지가 되는 사주라는 것을 알아두기 바란다.

또한 사람은 가난하다고 하여 천한 것은 아니다.

비곤貧困과 고귀高貴한 사주는 구분이 되어야 할 것이다.

예를 들어 황금黃金을 돌같이 여긴 사람도 있었고, 지난 우리의 역사를 되돌아봐도 정승政丞이 되었으나 비가 새는 남루한 초가집에서 살았던 분들도 많이 있었다.

이상의 것으로 공부를 하면 사주에서 기본적인 것부터 시작하여 중요한 용신을 잡는 법과 대운을 뽑아 사주를 세워서 응용하는 데까지 충분히 알 수 있을 것이다.

물론 공부하는 사람의 마음과 능력에 따라 다소의 차이는 있겠지만 이 책의 전 과정을 익히고 반복하여 공부한다면 타 학습자료로 공부할 시 3년이 걸린다면 본 교재로 6개월이면 완전히 습득할 수가 있을 것으로 저자는 확신한다.

사주학은 여기서 마치고 우리의 일상생활에서 꼭 필요한 것들을 실었으니 많이 활용하기 바란다.

○ 알아둘 요점 사항

부자의 사주와 빈자의 사주에 대한 특성을 암기하여 두는 것이 좋다.

참고 문헌

「天機大要」, 대지문화사
「擇日大鑑」, 대지문화사
「만세력」, 명문당, 金赫濟 著
「사주추명학」, 동양종합통신교육원출판부, 高木乘 著
「비전사주정설」, 명문당, 白靈觀 著
「사주팔자」, 한국역리과학아카데미, 盧在旭 著
「사주정해」, 가교, 崔學林 著
「명리사전」

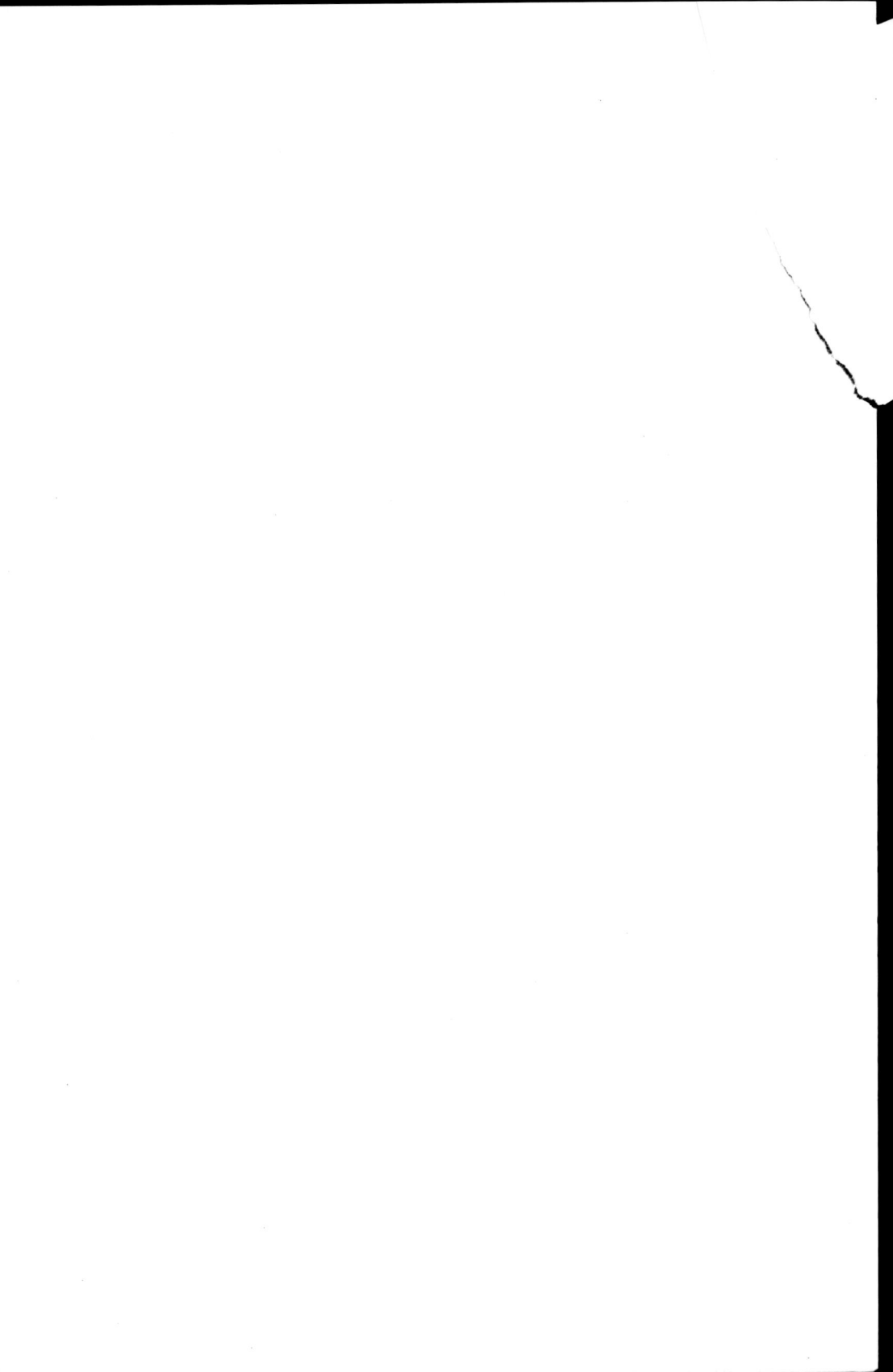

생활역학 사주팔자

- 초판 1쇄 2013년 5월 10일 인쇄
- 초판 5쇄 2022년 11월 15일 발행

- 저   자   천운 이우영
- 펴낸이   박효완
- 펴낸곳   아이템북스
- 디자인   김영숙
- 주   간   이선종
- 기   획   CNB 기획

- 출판등록 2001년 8월 7일
- 등록번호 제2-3387호
- 주   소   서울특별시 마포구 동교로 75

* 파본이나 잘못된 책은 교환해 드립니다.